人付き合いが苦手な人のためのリーダー力

影浦誠士

幻冬舎

はじめに

――日本人は相変わらずだなぁ。

グローバル化へのかけ声が盛んな昨今の日本ですが、私には「日本人は相変わらずだなぁ」と思えることが多くあります。

その最も「相変わらず」なところは、謙虚さです。

謙虚さが悪いと言うのではありません。

日本人にとって、謙虚さは今でも美徳ですし、謙虚であることは好感を持たれやすいことでもあります。ビジネスにおいても、この謙虚さが人間関係を良好な状態に保つためには有効とされます。

しかし、**その謙虚さは同時に、自分の立場を飛躍させることを阻む足枷《あしかせ》となっているのです。**

それは、謙虚であることが、多少のことは許される状態に身を置いておきたいという甘えにつながる姿勢だからだと、私は見ています。

日本人の多くは、「お仕事をいただく」という「下から目線」の感覚を持っています。

この姿勢は謙虚さの表れとして顧客や雇用者からは称賛されやすいですが、同時に、いつまでも安い報酬と不利な条件で仕事を受けざるを得ない、雇用されざるを得ないという立場を脱することを難しくしています。

しかし、**「自分のプロとしてのスキルを提供するのだから、顧客や雇用者とは対等なのだ」という自負を持って顧客と接する**ことができれば、より高い報酬と有利な条件でビジネスを進められるはずです。

――そんな上から目線では、仕事をもらえないよ。

そう思ったとしたら、まさにその感覚があなたのステージアップを阻んでいるのです。

それでは、どうしたらビジネスにおいて、より有利なポジションを得られるのでしょうか。

それは、**自分に稀少性、独自性、限定性の3つを纏《まと》わせる**ことです。

顧客に、「待ってでもあなたから買いたい」と思わせることです。上司には、「是非、君にやってほしい仕事なのだ」と思われることです。

たとえば私の会社では、企業の経営者にコンサルティングをしていますが、基本的に一見《いちげん》さんはお断りしています。

しかも、依頼を受けたとしても数か月間お待ちいただいた上に、コンサルティング料は決して安くはありません。

なんと傲慢な営業スタイルなのか、と呆れられるかもしれませんが、それでも売上は伸びています。

その上、経営者である私は、酒席へのお誘いも片っ端からお断りしていますし、それに同席しても「お葬式の帰りですか？」と言われるほど憂鬱そうな態度を見せています。

世に出回っている自己啓発書などでは、いかにポジティブでアクティブな自分に変われるかということにフォーカスされていますが、私にはそれらのポジティブさやアクティブさが、空回りに思えます。

実のところ、人がビジネスにおいて優位に立つためには、必ずしもポジティブさが有利に働くとは限りません。むしろ、ネガティブなことが有利に働くこともあります。

そして**何より必要なのは、優位なポジションを確立するためのブランディング**なのです。

人付き合いが苦手な人のためのリーダー力　目次

第1章 ネガティブシンキングの成功法則

第2章

人付き合いをリストラする

第3章

超ネガティブになった起業時代

第4章
「儲かってる感」の作り方

第5章
コンプレックスと付き合う

第6章

引き寄せるにはプロセスがすべて

第7章

一生下っ端のままでいいか？

第8章

あなた自身が最強の商品だ

第9章 仕事は半分断る、義理飲みは全部断る

装幀　山家由希
カバーイラスト　hiro／PIXTA
本文デザイン・DTP　美創

第1章

ネガティブシンキングの成功法則

なぜ世間は「ネガティブはよくない」と言うのか？

多くの人が、ネガティブ思考やネガティブな性格は好ましくないと考えています。とくに昨今の自己啓発系の書籍やセミナーでは、「今の自分を変えたい」と思っている人たちに、ネガティブ思考を捨て、ネガティブな性格を変えて、ポジティブ思考やポジティブな性格を目指すことを勧めます。

そして、願いごとを叶えたいなら、あるいは成功したいなら、さらには充実した人生を送りたいのであれば、とにかくポジティブになりなさいと強く迫ります。

そのような本を読んだり、セミナーに参加した人は、「ポジティブにならなければ」「このネガティブな性格を変えなければ」「だから自分はダメなんだ」などと、**かえって自分を追い詰めてしまっている**かもしれません。

それではなぜ、ネガティブ思考やネガティブな性格ではいけないのでしょうか？

それは、ネガティブ思考を持っていると、何をするにも失敗したときのことを恐れてしまい、いたずらに悪いシミュレーションばかりを行うために決断力が乏しくなるからだと言います。その結果、**ここぞというときに勝負に打って出られず行動力が萎《な》えて、せっかくのチャンスを逃してしまうと考えられている**ためです。

一方、ポジティブ思考に変わることができれば、常に物事がうまくいくようなシミュレーションを行えるようになると言います。その結果、行動力や決断力がつき、チャンスをつかみやすくなるため、人生において成功しやすくなるという考え方です。

たとえば6月も終わりの頃に、ネガティブ思考では「今年ももう半分しか残っていない」と悲観的に考えますが、ポジティブ思考の人は「今年はまだ半分もあるぞ」と捉えることができるということです。

また、クライアントにプレゼンテーションするための資料を上司からダメ出しされたとき、ネガティブ思考の人は「自分には能力がない」「私は上司に嫌われているんだ」などと捉えますが、ポジティブ思考の人は、「クライアントに提出する前に気づけてラッキーだ」とか「上司は自分が成長することを期待してくれている」などと捉えて張り切ります。

あるいは、もっと小さなアクシデントでも同様です。

たとえば朝、家を出た途端にハイヒールのかかとが取れたとしましょう。このとき、ネガティブ思考の人は「今日は朝からついていない」と凹みますが、ポジティブ思考の人は「外出先で折れなくてよかった」と自分の運の強さに感謝します。

このような例を考えると、たしかにポジティブ思考やポジティブな性格になれるように努力すべきだと考えたくなりますよね。

しかし、本当にネガティブ思考やネガティブな性格は悪いものなのでしょうか？

「ポジティブ」の落とし穴

私は自ら起業し、会社の経営をしてきました。そして現在も、グループ全体を通して安定した成長を続けています。

しかし私は決してポジティブな人間ではありませんし、ポジティブになりたいと思ったこともありません。

むしろ、**周りのポジティブすぎる人たちを見ると、「ああ、大丈夫かなぁ」と心配になってしまいます。**

なぜなら、ポジティブな人には陥りやすい落とし穴があるからです。どのような落とし穴なのかを見てみましょう。

①現実から目を背けがちになる

ポジティブな人は、何事も自分に都合よく解釈したり認識したりするため、危機が迫っていることを示すシグナルが出ていても、気づかないか無視してしまう傾向にあります。

つまり、都合の悪い現実から目を背けがちになるのです。

その結果、早く行うべき対処を怠り、本当に危機を招いてしまう可能性があります。

②自分の能力を過信する

「自分はできるはずだ」「あれこれ考えるよりは行動すべき」と自分を過信する習慣を身につけているため、思いついたことを、たいした裏付けもないままに実行してしまいます。たとえば経営者であれば、新商品の開発や店舗の新規出店などを念入りなシミュレーションもせずに行えば、運任せの危険な経営になってしまいます。

③忠告を真摯に受け止めない。悪い報告は聞きたがらない

何事もポジティブに考えなければならないと決めつけているため、外部からのネガティブな情報を受けつけられなくなっています。

そのため、忠告や悪い報告を受けても、無視したり不快感を露わにしたりして寄せつけないようになります。

その結果、裸の王様になってしまい、間違った方向に進んでいても誰も止めてくれません。

④失敗しても気にせず反省しないため、失敗を繰り返す

失敗をしても「これくらいのことを気にしてはダメだ」「これはチャンスと捉えるべきだ」などと無理矢理ポジティブに解釈しようとするため真摯に反省せず、同じ失敗を繰り返してしまいます。

また、自分の判断ミスや能力不足を認めたがらないので、他人のせいにしたり、環境のせいにしたりもします。そのため、成長しません。

⑤ネガティブ恐怖症になる

ネガティブになることを極端に恐れるようになるため、ネガティブに考えたり、ネガティブな感情を持ちたいとき、そんな自分を否定し抑圧しようとします。

その結果、〝ネガティブ恐怖症〟のような精神状態になり、情緒不安定となります。

いかがでしょうか？

以上のように、私はポジティブであることが必ずしも称賛されることではないと考えています。

ネガティブがポジティブに勝てる10のこと

それでは今度は、ネガティブがポジティブに勝ると考えられることを見ていきましょう。

①良質なアイディアを出せる

ポジティブな人は自分の思いつきに自信を持っていますから、躊躇《ちゅうちょ》なくアイディアをどんどん出します。しかしそれらのアイディアを吟味することはないので、雑で稚拙なものが多くなりがちです。

ところがネガティブな人は、自分が思いついたアイディアに対して自信がありませんから、念入りに吟味します。「現実的だろうか」「本当に必要とされるだろうか」「すでに誰かが思いついていないだろうか」「欠点はないだろうか」など、いくつもの不安を感知するフィルターを通してみて、それでも残ったアイディアを表に出してきます。

その結果、数は少なくても、良質なアイディアを出せるのです。

②危機管理能力が高い

ネガティブな人は、何か思いついたり、あるいは解決しなければならない課題を抱えたりしたときに、むやみに行動しません。

自分が行おうとしていることについて、「本当に大丈夫だろうか」「他に選択肢はないだろうか」「失敗したときに対処できるだろうか」などとシミュレーションを始めてしまうためです。

ポジティブな人からは、「何をもたもたしているのか」と切り捨てられてしまいますが、これが経営者ならどうでしょう。

新商品の投入や新しい設備投資など、慎重にリスクを回避しながら進めることができるので、無駄な投資を避け、より成功率の高いビジネス展開ができると言えます。

この危機管理能力は経営者にとって重要な資質ですので、改めて後述します。

③気づきが多い

ネガティブな人は、気になることがあるとさまざまな視点から何度も考えるという習慣を持っています。

「失敗したらどうしよう」「他人が見たら馬鹿にしないだろうか」「状況が変わったらどうなるだろう」「もっと簡単な方法はないか」「お金をかけすぎではないだろうか」などと考え、なかなか答えが出ないので「優柔不断」と思われてしまいます。

しかし、複数の視点で物事を捉えているため、普通の人では見逃してしまう改善点やアイディア、方法などに気づく可能性が高いのです。

④疑い深いので、だまされにくく洗脳されにくい

人は世間で常識とされていることや有名人が語ったこと、あるいはマスコミで報道されている情報や価値観を鵜呑みにしがちです。

しかしネガティブな人は疑い深いので、常に「本当かなぁ」と反応します。

そのため世間一般の大勢の人たちが信じたことや熱狂していることにも簡単には同調せず、少し離れた位置から冷静に判断することができます。

その結果、誰もが気づけなかった真実に気づく可能性があります。

⑤世間の評価から自由である

ネガティブな人には友人や知人が多くありません。そんな自分について「ネガティブだから仕方がない」と諦めているため、媚びてまで無理に友人を増やそうとも考えていません。

たくさんの友人や知人の顔色をうかがって行動する必要がないので、他人に嫌われないようにしようという視点で行動する必要もありません。

SNSの知人の投稿に翻弄される心配もなく、自分のことをわかってくれる人だけがわかってくれていればいい、という半ば諦めに似た思いで行動するのです。

その結果、他人の評価から自由でいられると言えます。

⑥終わりを意識しているので、冷静である

ネガティブな人は自分の人生も含めて何事にも「いつか終わりが来る」ということを常に意識しているので、覚悟と準備ができています。

一方、ポジティブな人ほど、人生は長く、自分は死なない、失敗しない、自分の能力が劣化することはない、などと思ってしまっていることが多いように思えます。

ポジティブな人は、いつかは終わりが来るという否定的な現実からは目を背けようとしてしまい、いいことを中心に考えようとします。しかし、ネガティブな人は常に悪いことを中心に考えます。

周りの人から見れば非常にいい状況にあったとしても、ネガティブな人は否定的な

目で見てしまい、悪いことが起きたときに、どうしたら被害を最小限に食い止められるか、そのためにはどう備えておくべきか、ということを考えます。

このように悪いことを中心に考えていますから、いいことがあってもはしゃいで喜ぶことはありません。浮かれることなく、次に起こるかもしれない否定的なことを探そうとします。

その結果、目先の成果に振り回されずに済む冷静さを保てると言えます。

⑦自分を客観的に見ることができる

ポジティブな人は、「自分は素晴らしい」「自分にはもっと能力があるはずだ」と思い込むようにしていますので、なかなか自分を客観的に見つめ直すことがありません。自分の弱点を認めたくないからです。

一方、ネガティブな人は、自分を過大評価する傾向がありません。また、自分は周りにいる同列の他の人たちよりも能力が低いと思い込んでいて、自分に自信がないので、身の程をよく知っています。

たとえば、上司からクライアントへのプレゼンを頼まれたとき、ポジティブに「まぁ、なんとかなるだろう」とか「自分は本番に強いから」などと自信過剰になって準備を怠ってしまうと、思わぬ失敗をしてしまう可能性があります。

一方、ネガティブに「説明が抜けてしまわないだろうか」「こんな質問をされたら何と答えればよいか」など、いくつもの不安要素を思いついてしまう人は、より周到な準備を行い、完成度の高いプレゼンができます。

このことから、ネガティブな人ほど自分にとっての重要度にかかわらず、イベントに対する不安から、本番に臨んだ自分の姿を事前に客観的にイメージし、失敗したときのシミュレーションも行えるのです。

⑧ミスが減り、知らない間に成長できる

ネガティブな人は何かトラブルがあったときに、真っ先に自分に原因があったのではないかと反省するので、同じミスを犯しにくくなります。

また、ミスをしたことを深刻に捉えて後悔しがちですので、また同じことで嫌な思いをしないで済むようにと、対策を立てることができます。

その結果、本人が思っている以上に、周りから見れば成長しているのです。

⑨うわべだけでない交渉力がある

営業力や交渉力というと、ポジティブな人の方が優れている気がします。それは、自信に満ちて快活で、社交的で押しが強いという印象があるためかと思われます。

しかし、このことが自己中心的で強引であるという印象を先方に与えてしまい、交渉時にはむしろ裏目に出る可能性もあります。その結果、まとまる話もまとめられなくなってしまうことがあります。

一方、ネガティブな人は自分に自信がありませんから、可能な限り相手にとってのメリットを説明しようとします。一言一言熟考して話すので、いいことばかりの話にはならず、それが結果的に言葉に信憑性を持たせることがあります。また、交渉中も相手の気持ちの変化に敏感ですから、すなわち機微を察する能力が高いと言えます。

⑩協力者を得やすい

ポジティブな人は自分の手に余る課題を抱えても、「なんとかなるだろう」「自分ならできるはずだ」などと安易に考えてしまうため、最悪の事態になるまで楽天的に構えてしまいがちです。

一方、ネガティブな人は「自分にできるだろうか」という不安を前提に仕事に臨むため、自分の手に負えるか負えないか、客観的で冷静な判断を下すことができます。

そもそも普段から「自分の方が優れている」という視点では他人を見ていないため、他人のいい部分を見いだすことが得意です。

このように、相手の自分より優れた部分を意識して人付き合いをするため「いつかこの人にはこのようなことで助けてもらえるかもしれない」と観察する習慣があり、誰の手が空いていて、誰なら対処できるか、などということも把握していることがあります。その結果、的確な協力者を得やすい傾向にあります。


いかがでしょうか？

ネガティブな人というと単純に悪い印象を持っていたかもしれませんが、見直してみると、かなりメリットがあることをご理解いただけたかと思います。

もしご自身のことをネガティブな人間だと思っていたとしたら、そのことで自分を頭ごなしに否定するのではなく、いい面を活かすことを考えてみてください。

普通にしていても「不幸があったのですか？」と言われる

起業家やビジネスで成功している人というと、ポジティブでアクティブな人を想像しますよね。

私はここで、自分が成功者だと言いたいわけではありませんが、起業して15年、赤字を出したことはないということは確かです。

しかし、実際に私に会った多くの方は、ご自身が描いていた起業家のイメージと実際の私とのギャップに驚かれることが多いようです。

それは、私があまりポジティブな印象を与える人物ではないからです。

私は決して常にマイナス思考で後ろ向きな性格というわけではありませんが、**たしかに小さく低い声でぼそぼそっと話しますし、滅多に笑いません。**

また、お酒も飲まないので、クラブやバーに連れて行かれても、一人だけノンアルコール飲料を飲んでしらふですし、寡黙にうつむいて、早く帰ることばかりを考えています。

そのため、お店の人たちからは、「何か悪いことでもあったのですか?」と心配されることがよくあります。

このような私だから断言できますが、ビジネスや人生で成功したいからといって、**一般の自己啓発書に書かれていることを鵜呑みにして、無理にポジティブな自分を演じる必要などありません。**

もともとポジティブな性格ならそれでいいと思いますが、本当はネガティブな性格なのに、無理に作り笑顔を浮かべながら声を張り上げて笑ったり虚勢を張ったりしても、中身が追いついていなければ空回りするだけだということは目に見えています。

大切なことはポジティブになることではなく、自分の能力を活かす生き方に気づくことができるかどうかです。

社長や上司がネガティブでもビジネスに影響はない

一般的に、起業するような人や会社員としても成功するような人はポジティブでなければいけない、といった先入観が持たれるようになっています。そして、そのようなポジティブな人ほどメディア映えするため、新聞や雑誌でもてはやされたり、自社webサイトでの露出度も高くなります。

その結果、実際にどの程度成功しているかどうかはさておき、私たちは「成功者はやっぱりポジティブだ」というイメージをすり込まれています。

一方、社長や上司が常にネガティブであれば、「この会社は大丈夫なのか？」という不安を覚えてしまいそうです。社員や部下にその不安が広がれば、転職をする判断材料の一つになる可能性もあります。

しかし、本当にポジティブな社長や上司が仕切っている会社の方が優れているのでしょうか？

最近ブラック企業の問題が多く語られますが、**世間で言うブラック企業の多くがポ**

ジティブ体質の会社ではないでしょうか。

仲間意識を大切にし、会社の業績が好調であることをことさらに謳い上げています。そして、頑張れば報酬が増えるというエサをぶら下げて、人間としてのQOLを見失わせようとしている会社に、いわゆるブラック企業が多いように思えます。「みんな頑張っているからお前も頑張れ」「もっと頑張ればもっと稼げる」「期日を前倒しできればもっと仕事がもらえるぞ」などといいことだけを並べて人間としての尊厳を失わせがちです。

先に述べた通り、ポジティブな考えは自己観察を忘れさせ、自分の立場を客観的に見られなくしてしまいがちです。ビジネスや仕事におけるポジティブさというのは、人としての心地よい生き方と相反する場面もしばしばあるのです。

ポジティブ思考は時間を止めてしまう

生きていく上で一番大切にするべきは時間だと私は思っています。ところが、**ポジ**

ティブさには「現在」がいつまでも続くような錯覚を覚えさせ、自分の成長は永遠であると信じさせてしまうところがあります。

そのためか、ポジティブな気持ちでがむしゃらに頑張ってきた結果、「いつの間にかこんな歳になっていた」と吐露している人を何人も見てきました。

ネガティブな人には、自分のことを多少突き放すような目で客観的に見ている人が多いと感じます。このような人たちは、他人や会社に左右されません。

たとえば、ネガティブな社長は常に上だけを見ているといったことがないため、無理な仕事を増やして社員や会社の資産に負担をかけません。

現在は順調であったり、楽しい状態が続いてきたとしても、常にそれらの終わりを身近に感じているので、時間や今の資産を大切にします。あのスティーヴ・ジョブズにしても、常に自分の死を意識することで、日々を精力的に生きていたことは有名です。

一般的に、経営者のことを資本家と言います。会社員や契約社員、アルバイターなどは労働者といいます。資本家は時間当たりの収入や収益にレバレッジをかけること、すなわち小さな労力で大きなリターンを得ることができます。

しかし時間単位の報酬を得ている労働者は、自分の時間を決められた単価で切り売りしているだけの状態で、それは現役の間ずっと続きます。

あなたが会社員や契約社員、あるいはアルバイターで、「今は仕事ができているからいい」とか、「今はちゃんとした生活ができているからいい」などと考えているとしたら、それはかなり楽天的な考え方だと言えます。本当にそれで大丈夫ですか？

ここで一度、そのようなポジティブ思考を捨てて、時間が最大の資産なのだと考えてもっと重視し、**自分がいつまで今の自分でいられるか、ネガティブに考えてみてください。**

ゾッとしませんか？

これは決して、自分の人生を悲観的に考えるように勧めているわけではありません。**あまり疑問を持つこともないままに日々を過ごしている自分自身に、あえて疑問を投げかけてみる**ことをお勧めしているのです。

そうすれば、今やっていることが目先のことに対処しているだけではなく、将来の自分にプラスになっているかどうか、という視点で振り返ることができるようになり、将来はきっと変わってくるはずです。

ネガティブな経営者は危機管理が得意

ネガティブな性格にもメリットがあることをお話ししましたが、とくに経営者の場合は、これが危機管理能力として活かされます。

実際に私は経営者として、常に経営状態が悪くなる将来を想定しています。

昨今の自己啓発本やスピリチュアル系の本では、悪いことを考えたり口にしたりすると、「言霊《ことだま》」が働いて本当に悪いことが起こるというようなことが書かれていることがあります。

このような考え方は日本人にとってなじみやすいものですね。

おめでたい席では縁起の悪い言葉を使わないように注意しなければならないとか、受験生がいる家庭では「滑る、落ちる」といった不吉な言葉を使わないように家族が気を使っているという光景はおなじみです。

しかし、ビジネスにおいては必ずしもそのような考えに与《くみ》しない方がいいようです。

会社員にせよ経営者にせよ、物事が悪化したときのことを日頃からシミュレーションしておき、そのような危機的状況を回避する方法や、回避できなかったときに立て直す方法を検討しておく意識が必要です。このような思考法は、ネガティブな人にとっては簡単なことではないでしょうか。

たとえば私の場合、**「今やっていることは3年後は大丈夫か？」と常に自分に問いかけ続けています**。そして悪い状況になった場合をさんざんシミュレーションしたあげくに、「ここまで対策を考えておけば大丈夫だろう」と思える段階にいたると、ようやく安心できるといった日々を過ごしています。

それだけではありません。私はよほど心配性にできているのか、ことあるごとに倒産したときのことも考えています。縁起でもない、と言われそうですが、私から言わせれば、**倒産を想定していない経営者の方がよほど縁起でもありません**。

とくにベンチャー企業などはうまく時流に乗れば急成長しますので、ポジティブな経営者は、立ち上げ直後にうまくいったという〝幼児体験〟によって、つい調子に乗ってしまいがちです。その結果、行き当たりばったりでもうまくいくという慢心から不注意な判断ミスをし、一気に経営が傾いてしまう可能性があります。

しかしネガティブな経営者であれば、時流に乗って急成長しているときほどその好調ぶりに怯えて、より慎重な経営を心がけることでしょう。

まだ安定していない段階で人を多く採用したり、一等地の高層ビルにオフィスを構え、新規事業への投資を積極的に行うなど、イケイケの経営者を演出すると周りからも一目置かれて、さぞいい気分になるに違いありません。しかし、実のない演出はそう長く続くものではありません。

もしものときのダメージを小さくする

ところで経営者は、常に人件費に悩まされています。とくに仕事の成果が出ない従業員を間近で見ているとストレスが溜まるものです。人を雇うことはいつでもできますが、辞めてもらうことはそう簡単ではありません。

また、人任せにしてしまうと、仮にその人が辞めてしまった場合に事業が継続できなくなる可能性があります。

したがって、**ネガティブな人ほど自分でやれることは全部やります**。自分がわからないことには手を出しません。**自分でやってみて、理解した上でレールを敷き、このレールの上なら誰がやっても大丈夫という安心を得てから人を増やしていきます。**

本来、ベンチャー企業は借入をしてレバレッジをかけ、より大きな飛躍を目指すものですが、私は事業がうまくいかなかったときにできるだけダメージを小さくすることを心がけていますので、自前で用意できる金額の範囲でしか投資を行いません。

売上目標を設定したら、その目標を超えるほどには無理して売上を伸ばそうとはしません。今ある設備や人員のままで無理をすれば自分も社員も疲弊してしまうし、大きく売上を伸ばして人を増やせば、来年からもずっとその売上をキープしていく必要があります。

このような慎重な経営姿勢では、たしかに成長速度は遅くなりますが、堅実な経営ができます。

そして、**一般的なビジネスパーソンの仕事に対する姿勢や個人の生活でも、この考え方を活かすことができる**はずです。

忙しさにかまけて、今ある仕事を丸ごと他人に投げてしまうと、人間関係や自己評価、危機管理の上でデメリットが多く生まれます。自分で管理し、把握しておくことがリスク回避です。昨今流行りのガバナンスの強化も同じことだと考えます。

会社の期待に応えるために手広く仕事をしようとすると時間が足りず、業務の品質も低下しがちです。また、私生活においても、自分の身の丈やポジションをはるかに超えた背伸びはいずれ破綻をきたします。

自分の能力をしっかりと掘り下げて把握しこなしていくことで、仕事でも家庭でも自分のポジションを確立することができるのです。

第２章

人付き合いを
リストラする

人付き合いは少ないほどいい

SNSの利用が当たり前になった現在、ネット上の人とのつながりと現実のつながりの境界線が曖昧になってきています。

実際には、ネット上の人間関係と現実社会での人間関係には、そのつながり方や濃度において明らかに差異がありますが、利用している側はその差異をあまり意識しなくなっているのではないかと思います。

そのため多くの人が、SNS上でつながりがある人たちと現実社会でつながりがある人たちを、まとめて「知人」や「友人」としてカウントしている可能性があります。**いつの間にか自分にはたくさんの「知り合い」がいる、あるいは「友人」がいると思い込んでいる**のかもしれません。

そして、そのことがなにやら自慢であったり、安心感の根拠となっているようにも感じます。

似たようなことは、実はビジネスの世界ではインターネットが普及する以前からあります。それは名刺交換です。

イベント会場やプレゼンテーションの場での名刺交換、あるいは単に飛び込み訪問をした結果として手に入れた名刺などがたくさん集まってくると、とてもたくさんの人脈を得られたかのような錯覚に陥るビジネスパーソンは少なくはないでしょう。

しかし、SNS上でつながっている人が何百人であろうと、入手した名刺が何百枚であろうとも、それは決して知人や友人がたくさんいることや人脈が広がったことを意味していません。

そもそも、**本当に濃い人間関係が育まれるために誰かと共有できる時間や場所には限界があります**。したがって、それほど多くの人たちと、実のあるお付き合いをすることは難しいはずです。

そのことから、「人付き合いは少ないほどいい」と思っています。

たとえば、「私は友達が300人います」と言われても、私にはピンときません。それほど多くの友達の一人ひとりと、どれだけの時間や場を共有できるというのでしょうか。たしかに広く浅く付き合うのであれば可能な人数なのかもしれませんが、それは友人と呼べるかどうか、疑わしいところです。

その程度の浅い付き合いのために多くの時間をSNSのチェックに費やしているとすれば、それは時間の無駄だと思います。せいぜい、**何か拡散したい情報があるときに役に立つといった打算的なつながりでしかありません。**

むしろ「友人と呼べる人は少なくて10人ほどです」と言われれば、「ああ、この人には本当に10人の友人がいるのだな」と信じられます。

実際、私には友人や知人と呼べるような相手は数えるほどしかいません。しかしそれだけに濃い付き合いができるので、十分だと考えています。

無理に友人や知人を増やそうという考えは、捨てた方がいいでしょう。

自分を成長させてくれる友人と付き合う

私は若い人たちに、「友達は大切だが、付き合う相手は選ばなければダメだよ」とよく言います。

すると最近の若い人たちは「それはそうです。友達は大切ですよ」と、何を今さら、という反応をします。

しかしその後で彼らは、「ＬＩＮＥの友だちが３００人もいますから」と自慢げに言ってくることも珍しくありません。

そんなに多くの人と浅く付き合ったところで時間の無駄ですよ、とあからさまに言っては反感を買うので言いません。しかし、少なくてもいいから自分を成長させてくれる交友関係に大切な自分の時間を費やした方がいいですよ、と控えめに助言します。

たとえば、私が起業を目指すようになったのは、高校時代に出会った友人が起業を目指していたことに影響を受けたことがきっかけです。

また、私は自分の月収が数万円の頃でも、月収数百万円の人たちと対等にお付き合いしていました。これは特殊な人脈ではなく、自分自身を彼らと同じであると錯覚させていたことにより得られたつながりです。

自分より高いステージにいる人たちとお付き合いしていると、徐々に自分もそのステージに見合ったものの考え方や振る舞いをするようになっていくのです。このような人たちは、知らないうちに私を同じステージに引き上げてくれます。

下を見て安心しない

人によっては居心地のいい友人の条件が、前述のような高いステージの人たちとは正反対の場合があります。**主観的に見て自分よりも劣った人と一緒にいることで安心してしまい、居心地のよさを感じる**のです。

たとえば自分がファストフード店でアルバイトしていて、たいした時給じゃないな、と思っていても、もっと時給の低いティッシュ配りをしている友人と付き合っていると、「ああ、まだこの人よりマシだわ」などと思って安心してしまいます。

そして自分を卑下しないで済むように、自分の現状を安心させてくれるような友人関係ばかりを増やしてしまうと、先ほどとは反対に、だんだん自分も彼らと同じステージに引っ張られてしまいます。気がついたときには自分のステージが下がっていて、同じ境遇の人たちと傷のなめ合いをする関係になっていることがあります。

中には「彼らと自分は違うんだ」と距離を置きながらお付き合いする人もいますが、多くの人はより楽な方に引きずられていきます。

このように自分のステージを下げてしまうことを避けるためには、自分が目指す方向で自分よりも知識や経験が豊富な人たちや、自分よりも年収が高い人たちと付き合うようにすればいいのです。

時間は有限です。無意味に過ごした時間というのは後の記憶にも残らず、極論を言えば存在していなかったことと同じです。意識して自分が憧れる人たちを見つけて、記憶に残るような有意義な時間を共有していれば、自分もその人たちのステージに上がろうとし始めます。

ただ、そのような上のステージの人たちの時間を無駄にしないために、自分を磨く努力は必要です。それは決して媚を売ったりすることではありません。成功者は時間の重要性をよく把握しているので、自分の役に立つ人とより多くの時間を共有しようとします。

ですから自分も、相手に新しい発見や意識を持たせることができる情報とは何か、ということを感じ取り、その部分で相手より優位なポジションに立つことが必要です。つまり、**相手に損をしたと思わせない自分を目指す**ということです。

これが、私なりのセルフブランディングの考え方なのです。

なぜ人付き合いが苦手な人は成功するのか

人付き合いが苦手な人というのは、すべての人と付き合えないというわけではありません。付き合う相手をかなり吟味する人だということです。ですから、**それほど親しみを感じない人と付き合うためには相当な努力を要する**のです。

このような人たちから見れば、友達や知人が多いことを自慢している人の多くが、実はたいして理解し合えてもいない人たちと付き合っているように見えます。そしてその浅い付き合いを維持するために、有限で貴重な資産である時間を使うことは浪費に思えてしまいます。

私の場合は、無駄な付き合いをする時間があったら自分一人のために費やしたいと考えているため、実際に一人で過ごす時間が多くなります。このことを冗談のように、自分には友達が5人しかいない、飲み友達もいないのでだいたい一人で過ごしている、などと言うと笑ったり哀れんだりしてくれる人もいます。

当然、私はこのような反応を気にしません。

なぜなら、**高度な人間関係の構築とは、「どれだけ自分だけの時間を有意義に過ごし、自己研鑽し、自分をブランディングできるだけの知識や経験をものにできているか」ということに依存している**と考えているためです。

少々わかりにくいかもしれませんね。

たとえば、私の定義では「寂しがり屋」と「ネガティブな人」とは異なります。寂しがり屋の人は、一人の時間を持ちたくないため、多くの人間関係を必要とします。そのため、常に誰かを飲みに誘ったり、食事に誘ったりします。あるいはつい長電話していたりします。そのような状態に安心を求めているのです。

その結果、自分のポジションを明確にできなくなってしまっている人がなんと多いことでしょうか。実のない話や堂々巡りの考えで人を巻き込み、あるいは自ら巻き込まれ、とにかく誰かと時間を共有してさえいれば安心なのです。

このような「寂しがり屋」さんにとっては、何か新しいことに一人で打ち込んでみたり、一人で本を多く読んでいる人などが、寂しそうなかわいそうな人に映るかもしれません。本当は自分こそが寂しくてかわいそうな人なのに、です。

ですから、後になってみれば、どちらが成長し、独自の人間関係を多く築けているかは明白になるのですが、「寂しがり屋」さんや一生懸命にポジティブを演じている人は、気づくことはないかもしれません。

そうはいっても、家族がある人は自分の時間の多くを家庭に費やしてしまうことも多いでしょう。もちろん、それが自分の喜びだ、ということであればそれはそれで価値のある時間です。

ならばなおさら、不必要な交友関係を持たないようにすべきです。**その交友関係には貴重な自分の時間を費やすだけの価値があるかどうかを、しっかり考える習慣を持つべきです。**

とくに、独身の人たちのように時間に余裕がない家庭持ちの人は、より交友関係を吟味するべきでしょう。

一方、独身の人はかなり自分の時間を自由に使えますが、それだけに時間の貴重さを忘れてしまいがちです。独身の人も、独身の間にどれだけ自分の時間を作り、自己研鑽ができたか、あるいは自分を高めてくれる人たちと過ごす時間を作れたかが、その後の人生の価値を決めると心しておくべきでしょう。

成功者には小心者が多い

成功者、とくに起業に成功したり業績不振の会社を回復させた経営者には、小心者が多いと言われています。

実際、私が知っている起業家や経営者の中でも、事業がうまくいっていない人には、大風呂敷を広げる人や、いいことばかりを話して事業の欠点や弱点について自覚していないか気にしないようにしている人が多いように思われます。

ギャンブラーを例にとって考えればわかりやすいと思いますが、ギャンブルで勝ち続けている人は本当に運が強い人だ、と思うでしょうか。運などという目に見えない不明瞭なものを信じている人が本当にいるのか疑問です。

私が知る限り、強いギャンブラーは無理な賭けはしません。**常にリスクテイクを考えながら賭ける**ので、本当の意味での「運任せな賭け」はしないように心がけているはずです。

私自身、過去に海外でカジノに足を運んでいた時代があるのですが、負けたことはありませんでした。

言うまでもなく、当たったときのリターンが大きいものほど、勝率は低くなっていきます。私が賭けていたのは主にアメリカンルーレットですが、**私は必ず3つのグループに分けて賭けるようにしていました**。

1つ目はデータに基づき、当たる確率は低いが当たれば儲けが大きい、大穴狙いのグループ。2つ目は、勝てば少し増える、負ければ少し減る、だいたいはトントンのグループ。そして3つ目は、当たる確率は高いが、当たってもマイナスになるグループです。

この3つを同時に賭けていくことで、時間はかかりますが、より長い時間、儲けを継続できるようになります。

このような賭け方では、ギャンブルらしい、ちょっと遊んで勝てば大金というダイナミックな勝負には出にくくなりますが、負ける可能性はかなり低くなります。

小心者の経営者たちは、一気に儲けられるギャンブル的な事業に対して資金や時間の投資はしません。確実性の高いものを判断し、時間をかけて堅実に育てているケースが多いのです。また、市場の変化や競合企業の戦略が変化するたびに、「まずい、何か手を打たなくては」と常に不安な状態にあるようにすら見えます。

このように、**小心者こそ常に状況の変化に対する準備を怠らず、可能な限り事業を長続きさせようと考え、周りにも気を配ることができます**。そのため、いざというときに素早く的確な意思決定ができ、変化への対応を容易にしています。

このような小心さゆえの能力は、市場が飽和状態にありグローバルな競争を強いられている現代にこそ、成功者に必要な資質ではないかと思えます。

メンタルを強くするにはどうしたらいいか？

正直なところ、私自身、自分のメンタルをどのようにケアしていけばいいのかということには明確な答えを得られていません。常にストレスや不安を抱えながら、それらを解消するこれといった決め手が見つからないまま、ここまでやってきたという印象です。

このように、自分のメンタルをケアすることはいまだにうまくできていないのですが、その分、メンタルが弱い人たちの気持ちをわかっているつもりです。ですから、自分の周りの人たちについては、定期的に話を聞いてあげたり解消方法の提案をしたりすることで、メンタル面でのケアをするように心がけています。

当たり前のことかもしれませんが、とにかく話を聞いてあげることがストレスや不安の緩和につながるように思えます。最初は徹底的に聞き役に回り、そうして引き出された話の中から、彼らが現在直面しているメンタル面での問題を解決する方法を一緒に考えるようにしています。

このとき、解決方法は必ずしも見つかるわけではありませんが、悩みを理解してくれる人がいる、話を聞いてくれる人がいるというだけでもケアになりますので、とにかく話を聞くことが大切です。

経営者にとっても会社員にとっても、大切にすべき優先順位は自分が1番目と考えてください。家族は2番目、会社、仕事は3番目でいいのです。

これは日本人の国民性なのかもしれませんが、放っておくと多くの人が会社や仕事を最優先して生活するようになっていきます。

その結果、自分や家族を後回しにしてでも仕事にのめり込むので、悪くすると心身ともに疲労が蓄積して健康状態が崩れてしまいます。最近の若い人はプライベートと仕事をきっちりと区別して、プライベートを優先する傾向があると言われますが、実際にはそうでもなさそうだと感じます。

自分の心身が健康であればこそ仕事に打ち込むことができ、家族を守り、有意義な時間を共有できるようになるのだということを、忘れないようにしてください。

ブラック企業に潰されないために

昨今、いわゆるブラック企業が問題になっています。当然経営側に原因があるのですが、社員側にも自らを追い込んでしまう傾向があることは否定できません。

私や知人の会社はブラック企業に見られるような過酷な労働を社員に課したりはしていませんが、それでも**経営者は常に、社員がいつの間にか仕事に追い込まれてしまうことがないように見張っておくことでリスク管理をすべき**です。

もし、上司や社長が社員に対して頻繁に、「会社に感謝しなさい」「仕事に感謝しなさい」「会社があってこそ、皆さんの生活が保証されている」「ここでダメな人は、どこに行ってもダメだぞ」といったことを語りかけてくるような環境で仕事をしている若い人がいれば、本当にその会社にいるべきか、自分の時間の大半を提供してまで働くべき環境か、と考えてみてはいかがかと思います。

現代は職業の幅も種類も広がり、会社に依存しなくても生活していける仕事のスタイルも確立されてきています。社員でいることが安定だと思うことのすべてが間違いではありませんが、**言われたことだけをやっていると自分自身の「歯車化」が進行してしまいます**。

どんな大企業であっても一生の安泰は保証されない今、歯車としてずっと過ごすか、それとも自らがエンジンとなり得る人材を目指して自分の市場価値を高めていくか。

それを考えておくことで、会社や自分自身にもしものことがあったときのリスク管理となります。同時にそのことが自信につながり、メンタルも鍛えられてくると思います。

すでに高度成長期の昭和は遠い昔。社長や上司が威張り散らしているような時代ではないはずです。会社は一人ひとりのスタッフの時間、極論を言うと寿命を提供してもらうことで成り立っているのです。

もちろん、どれだけ対等になろうとしても、社長と社員の間には、雇用者と被雇用者というお金がやりとりされる関係がある以上、完全に対等にはなれません。

ただ、それでもできるだけ同じ人間同士として尊重し合える環境を見つけることで、不安が軽減されるかもしれません。

自分自身を変えるということは、大人にはかなり難易度の高いことです。また、別の環境に移動することもリスクを伴います。

それでも、**貴重な人生を今のような姿勢で過ごしていいのか、今の環境で過ごしていいのかということは、何度も問いかけてみる必要があります。**

クレーム処理の仕事でメンタルが鍛えられた

私は、今の会社を軌道に乗せる前に、少しでも会社の助けになればとクレーム処理の下請けという仕事をしていた頃がありました。

当時は中小企業や個人商店向けのインターネット関連の商材がよく売れていました。本来は技術系ではない会社までもが争ってＩＴ商材の販売に参入していたため、納品後のクレームが多く、自社で対応できていなかったのです。

そのような販売会社の営業マンは、販売スキルには長けていますが、技術的な知識は乏しく、また、技術系サポート部門の人材の対応スキルもお粗末な状況でした。

当時はこの分野の需要が伸びていたため、新規開拓の営業が苦手だった私は、この仕事で稼ぎながらクライアントの相談に乗ってあげることで、今後の仕事にもつながるのではないかと考えました。

実際やってみるとクレーム率は予想以上に高く、顧客満足度がかなり低いことがわかりました。**事業というのは顧客と提供者との関係がｗｉｎ－ｗｉｎでないと継続できるはずはありません**。余談ですが、現在その会社はもう存在していません。

この頃、私が対応した案件で強く印象に残っている事例をいくつかあげてみます。

あるとき、元請けの会社から夕方の5時にクライアントのアポイントが取れているから向かってほしいと依頼がありました。そのクライアントは工場で、交通の不便なエリアにあったため、バスを乗り継いで現地に向かいました。到着したときはすでに薄暗く、雪が降っているというあまり嬉しくない状況でした。

それでも約束通り午後5時に訪問し、受付の女性にアポイントの旨を伝えると、そのまま外で待っていてくださいとのこと。その後しばらく待っており、ようやく声がかかったときはすでに午後7時半になっていました。

やっと呼ばれると、2時間半も待たせておいたことに対する詫びも一切なく、いきなり怒声を浴びせられたのです。

最初はとても怖い印象でしたが、しっかり話を聞いてあげて、適切な対応について専門家としての圧倒的な知識レベルを用いて相談に乗っていると、やがて打ち解けた状態になり、ついにはお詫びの言葉をいただき、出前まで取ってくれました。

またあるクリニックを訪問した際は、現場に到着するなりドクターにネクタイをつかまれ、「おまえか、こっちへ来い!」と引っ張られていくということもありました。こちらも1時間程度で打ち解け、コーヒーにお茶菓子まで出され、お詫びの言葉とにこやかな笑顔をいただきました。

メンタルの弱さは「後ろめたさ」「自信のなさ」「知識の乏しさ」からくる

この仕事で対応したクレームの多くは、契約後の対応の粗末さに対する不信感によるものでした。

自分たちが市場で優位性のあるノウハウや技術を持っているわけでもない組織が、強引な営業パワーのみでまだ知識のない人たちからあの手この手で契約を取るということをしていると、こうなるのは当たり前です。**専門性、優位性があるからこそ、顧客との対等な関係が築ける**のです。これは個人の人脈作りと同じ考え方です。

この会社の販売手法は、「今始めないと乗り遅れる」「今だけの特典を逃すと損する」と強調して強引に契約書に押印させるといったものです。

私はクレーム処理として向かわされた訪問先の人たちから最初はひどい扱いを受けましたが、彼らを単なるクレーマーだとは思えませんでした。その人たちは皆、営業担当者を信用して契約までしてくれたのですから、根は悪い人たちではないのです。

顧客とは長い関係になることが理想です。上司などの自分にとって重要な人物との関係も同じです。自分に後ろめたいことがあると、下からのポジションで接します。自分に自信があると、対等もしくはそれ以上のポジションで接することができます。

そうして、顧客からは報酬をいただき、顧客は有益な商品やサポートの提供を受ける。当たり前のことですが、一方的な搾取は長続きしません。

私の対応のスタイルは、相手の意見を真摯にしっかりお聞きし、相手の気持ちになって自分の優位性のある知識やノウハウをしっかりと提供するというものでした。もはやクレーム処理の領域を超えていましたが、その成果として、気がつけばクレーム処理率ナンバーワンになっていました。

この経験で、メンタルの弱さというのは、後ろめたさ、自信のなさ、知識の乏しさからくるものではないかと気づきました。**圧倒的な専門知識を学習して身につけることで、ネガティブ体質の自分でもメンタルを強くすることができる**と気づいたのです。

ところで、顧客の悩みをしっかりと聞いているうちに、いつの間にか事業や経営に関する悩みや家庭環境の不満まで聞いてあげることになっていた、ということが多くありました。

そのようなことを続けていると、人間の体や心は相談された悩みを自分自身の悩みだと錯覚してしまうようで、徐々に自分の体調が崩れていきました。ひどいときは、一時的に歩くことすらままならない状態になってしまったのです。

この仕事はやればやるだけ報酬が得られ、評判がよくなると案件も増えるのでいい稼ぎにはなっていましたが、体調を崩して対応できなくなると途端にゼロとなります。

この体験から、自分一人が少しでも休んでしまうと売上が途絶えてしまうこのようなフロー型ビジネスは、自分が目指していた企業のあり方とはとても言えず、一労働者の業務でしかないと気づきました。

つまり、自分が走り続けなければ破綻してしまうわけです。

そこで、**仕組みを作ることで安定した収益が見込める、ストック型ビジネスを目指さなければダメだ**、と考えるようになりました。

第3章

超ネガティブになった起業時代

皆と同じことをやらされるのが嫌だった

私は、昔から暗い人だと言われていたわけではありません。

たしかに小学生の頃から学校に行くよりも自宅で引きこもって一人で何かをしている方が好きだったので、普通の子どもたちとはちょっと違っていたかもしれません。

自宅では洋楽ばかりを聴いたり、海外のドラマを観たり、今では考えられないような初歩的な家庭用パソコンの「ＢＡＳＩＣ」でゲームを自作したりしていましたから、当時としてはかなり変わった子どもだったはずです。

小学校をあまり好きではなかったのは、**「なんでみんなで同じことを同じ環境で学ばなければならないのだろう？」ということを疑問に感じていた**からです。

たしかに小学校で習う内容は、生活の基本となることが多いので、中学・高校・大学に比べれば重要度が高いのだろう、とは感じていました。しかも、興味があることに関しては学ぶことを楽しいとすら感じていました。

しかし、興味のないことまで強制的に、しかもみんなと同じように学ばされるのは、子ども心にも無駄な時間だと判断していたのです。

普通の親や子どもは、小学校は義務教育であり、集団生活を行う中で協調性を育む場所でもあるので、みんなが同じことをするのは当たり前だと考えているはずです。いや、考えることすらないかもしれません。

しかし私にしてみれば、小学校ではパソコンも英語も教えてもらえないことが不満でした。しかも、やっと学校から解放されて帰宅しても、宿題や、つい交わしてしまった友達との約束もあるので、自分の好きなことをする時間はありません。

そして長じるに従い、何か人と違ったことがしたい、自分のやりたいことがしたいという思いはますます強くなり、日本を脱出して海外に行きたいと考えるようになりました。そこで海外へ修学旅行に行ける私立の中学校を受験し、念願のアメリカに向かったのです。

ところが、滞在期間がたった2週間しかなかったことから、帰ってきたら余計にフラストレーションが溜まり、**そのまま中学を退学してオーストラリアの学校に一人で行ってしまいました**。もし、私が単なる根暗な学生だったとしたら、このような行動力は生まれなかったでしょう。

そこには、「みんなで同じことをする」ことに対する強い違和感があったのです。

親友の影響で事業を始める

そして、そのままオーストラリアで大学に進学しようと考えていましたが、そろそろオーストラリアでの生活に飽きてきたことと、さすがに親が戻ってきてほしいと言い出したこともあり、帰国して日本の大学に入ることになりました。

ただ、海外生活が長かったことから、帰国してからも外国人との交友関係を持つことの方が快適だったため、一般の日本人の学生には付き合いづらかった外国人留学生たちと一緒に出かけたり、ドイツ人やフランス人、スイス人などの友人宅や自分のマンションでパーティーを開いたりしていました。

そのようなことをしているうちに、**もしかすると一般の学生も外国人留学生と交流したいのではないかと考え、国際交流サークルを立ち上げたりもしました。**

また音楽系のクラブでも部長として精力的に活動し、ライブや教会での演奏、さらにはストリートでの演奏などをしていたこともあります。

このように、大学生の頃までは、たしかに変わり者だったかもしれませんが、それほど鬱屈はしていなかったのです。

また、オーストラリアの高校時代からの親友が、将来は自分で事業をするという話をいつもしており、私も将来は一緒に何かしたいなとよく話していました。そのため、大学の頃から自分で何かをしたいという意識が強くなっていました。

そのような思いもあり、ちょうどその頃黎明《れいめい》期だったインターネットを利用して、実際に個人事業を始めたのです。その結果、学生としては悪くない稼ぎを得ることになります。

大人たちの仕打ちで笑顔を失った

ところが社会人になって、いざ本格的に起業し、大人たちの社会に乗り出すと、**それまでの性格を変えてしまうような待遇を受けます。**

当時の社会にはまだ、**大学を卒業したての若者が、就職もせずにベンチャーで起業するということへの理解が得られるような寛容さはありませんでした**。そのため、行くところすべてで未熟者として叩かれ、世間の厳しさに直面したのです。

「君は若いから、いろいろとわかっていないよね」

たしかに私は、日本の商習慣や社会人のルールには疎い若者でした。就職経験もないものですから、ネクタイの結び方も名刺の差し出し方も知りません。

当然、売上も小さく不安定でした。

自分で起業するということは、まさにゼロから価値を生み出す錬金術のような活動で、毎月安定して5万円を売り上げるだけでも大変な苦労を強いられたのです。

一方、同年代の会社員を見ると、特別優秀でもないように見える若者たちが、言われたことをやっているだけで毎月まとまった月給をもらえている。そんな姿を見て、うらやましいと言うよりも、すべての会社員が自分とは別世界に暮らす超エリート層のようにすら思えました。自分は負け組で彼らが勝ち組なのかと。

最初はヨーロッパの商品の輸入販売業をやりたいと思っていましたが、思うように行かず、やはり自分の得意領域であるＩＴ系の仕事に落ち着くことになります。

当時はまだパーソナルコンピュータやインターネットの存在意義が世間にそれほど認知されていませんでしたから、パソコンやインターネットについて語る私は、50代、60代の経営者たちから、浮き世離れした商品を提案してくるうさんくさい人物として疎外されがちでした。

しかし、やがてインターネットに対して中小企業の経営者の方々も興味を示し、「これからはインターネットだ」という時代がやってきます。

そうなると専門知識を持った人は少ないので、まだ弱小だった私の会社も、たくさんの大人たちから提携のお誘いを受けるようになってきました。いよいよ、時代が追いついてきたな、などと思った私でしたが、**その高揚感はたちまち潰されてしまいます。**

社会人経験が浅い人間として見られていたことから、海千山千の経営者たちに利用され、貴重な時間とノウハウを搾取された結果、起業期としては重要な最初の数年を無駄にしてしまったのです。

その頃から、私はよりいっそう笑うことが少なくなっていきました。

試行錯誤の起業時代が始まる

すでに触れたように、私は学生時代から個人事業主としてビジネスを始めていました。大学3回生のころです。

現在のビジネススタイルにいたるまでに紆余曲折ありましたが、思えばこの学生時代に始めたビジネスが、現在のビジネスのベースになっていたのだな、と思います。

当時は堀江貴文氏のオン・ザ・エッヂや三木谷浩史氏の楽天、藤田晋氏のサイバーエージェントなど、**ネットビジネスの躍進が経済界から注目され始めた時期**です。

私の世代には、そのような彼らの起業スタイルを見て、「すごいな」と思っていた若者たちが多かったでしょう。

私も彼らの活躍を見て、「すごいな」とは思いましたが、当時はネットビジネスをまだ地に足がついていないビジネスのように感じていました。

そこで私は、ネットを利用しつつもリアルな商品を取り扱う物販をやることにしたのです。

そうはいっても、学生には商品を仕入れるまとまった資金がありませんでしたから、電器屋さんで売れ残って倉庫に放置してあるような電気製品を安く売ってもらいました。お店にとってはすでに価値がない商品ばかりです。

そんな商品でも、分解して部品にすると、ニーズのある商品となるのです。その結果、仕入値以上に価値のある商材に生まれ変わりました。

ただ、このビジネスには、店舗の在庫がなくなり次第終了してしまうという脆弱《ぜいじゃく》さがあったので、卒業すると別のビジネスモデルを立ち上げ直しました。

それは、**定年退職した人を派遣するビジネス**です。

60歳で定年退職した人の中には、まだまだ頭脳明晰で経験が豊富という人材が多かったのですが、仕事を辞めると家にこもってしまうことが多かったのです。これはもったいない、と考えました。この人たちはまだまだ活躍できるし、必要とされている現場もあるはずだと。

私はこのビジネスを立ち上げると、新聞広告を掲載し、フリーダイヤルを設置して自らビラ配りもしました。

薄暗くなってからのビラ配りは、犬に吠えられたり怖そうなおじさんに「勝手にポストに入れるな！」と怒鳴られたりするなど、今でこそ笑えますが、当時はずいぶんと辛かった記憶があります。

そのように地道な宣伝活動をしましたが、固定電話の権利金などを含めるとけっこうな大枚をはたいて設置したフリーダイヤルの電話は、一向に鳴りません。

時代を先取りしすぎた事業は、鳴かず飛ばずだった

ところで、このチラシ作りにもひと波乱ありました。

チラシの元となる原稿をパソコンで作成したまではよかったのですが、どこでどうやって印刷すればよいかまったくわかりません。

電話帳で調べてみると、近所に印刷会社が複数ありました。ところが当時は、今のように気軽に小ロットで発注できる個人向けの印刷サービスはありませんでした。そのため、**私のような学生上がりの若造が個人的に原稿を持ち込んでも、印刷会社は相手にしてくれなかった**のです。

印刷会社を何軒か当たってみましたが、ことごとく断られました。今思えば、支払能力が怪しい個人の、しかも小ロットの仕事など受けてくれるような時代ではなかったのです。

それでもあきらめずに印刷会社を回ると、ようやく7社目だったでしょうか。「わかった、協力したる」と応じてくれる印刷会社に出会えました。

そのようにしてようやく完成したチラシを配布したのですが、結局問い合わせの電話はまったく鳴りませんでした。

もちろん、ただ待っていただけではなく、積極的に売り込みもしました。京都を拠点としていたので、地域柄、着物関係のお店や会社に飛び込み営業を行ったのです。しかし、「あんた誰?」「なんでうちが、よそで定年退職した高齢者を雇う必要があるのか」など、結局大人たちからの厳しい対応を突きつけられるだけで、受注はできませんでした。

今でこそシニア層の活躍が注目されていますが、当時は早すぎるビジネスだったわけです。そのため、とりあえず日々の生活費を稼ぐために、時給800円のアルバイトをしながら事業を続けました。

そうこうするうち、当時手伝ってもらっていた友人が不意に就職して離脱したことをきっかけに、私もこの事業を畳むことにしました。

憧れていたビジネスで挫折

そこで今度は、もともと一番やりたいと思っていたビジネスに挑戦します。**デザイン性に優れた欧州家具の輸入販売**です。

当時、東京ではイタリアのハイセンスな家具を輸入して販売し、自社ビルまで建てた会社などがあったこともあり、その事業に憧れていました。

ところがイタリア製の家具を仕入れるための資金がありません。それに、家具を保管できるほどの倉庫も陳列できる店舗もありません。

そこでとりあえずの妥協案として、アクセサリー関係の小物をイタリアから輸入し、近隣のお店に委託販売で置かせてもらいました。

その結果、これらの商品はすべて売れたのですが、完売するまでに半年以上もかかってしまったのです。

それだけの時間をかけても、仕入代金と諸経費を除いたら、手元に残ったのはわずか数万円でした。ビジネスとしてまったく成立していません。

しかも、憧れていた東京の輸入家具店が業績不振で閉店してしまいました。

――これは商売にならない。

そのように結論を出しましたが、それでも手っ取り早く儲けられそうなネットビジネスには安易に手を出しませんでした。自分にはネットビジネスに参入できるだけのスキルは十分にあると思っていましたが、なにやらいかがわしい印象を持っていたからです。

このように当時は、**就職経験もなく人脈も資金もない若者が自分の力だけで起業するには、とてもハードルが高かった**のです。

そもそも、私が子どもの頃はまだ、パソコンをいじっている人が変わり者扱いされる時代でした。

そのような感覚も残っていたのでしょう。どうも「パソコンやネットを利用している人＝怪しい人」という印象を持たれることが多かったのです。

そのため、ネットビジネスに手を出すのは最後の手段だと考えていました。

それに私には外国人との交友関係もありましたので、どうしても「輸入」などの外国とつながっているビジネスの方が華やかに思えたのです。

もっとも、**現在の私からすれば、そんな在庫を抱えるリスキーなビジネスなど、とんでもない**ものです。

インターネットのビジネスからは目を背けながらも、インターネットを活用することがより重要視されていく社会の変化を目の当たりにして、「何かすごいことになっているぞ」とは感じていました。

社会的な信用のなさに愕然とする

起業しても最初は自宅を事務所にする、という人が多いですが、私は最初から事務所を構えました。**これには事務所を構えることで自分を背水の陣に追い込み、起業したことをより強く自覚する目的がありました。**

事務所を構えると、通勤の便がいいようにと、そこから歩いて5分ほどの近所に引っ越しました。弁当屋さんの2階にある四畳半くらいの部屋で、ベッドだけが置いてある窮屈で粗末なスペースです。

しかも常にゴキブリが這い回っているような劣悪な環境で、今思い出すとぞっとしますが、そこは若さで乗り切っていたのでしょう。

事務所は当時としては珍しいSOHO向けの物件で、敷金は不要、賃料は月に6万円前後だったと思います。

朝の5時前には出社して、深夜まで何かしらの仕事をして帰宅し、3～4時間の仮眠程度の睡眠をとると、再び事務所に向かうという生活をしていました。

ここでさらにビジネスを拡大するために、銀行に融資をお願いしようとしました。

しかし、私の信用では難しいことがわかります。

そこで、比較的誰にでも融資してくれる国民生活金融公庫（2008年に解散）に融資を依頼しようと考えました。ここなら、たとえば若い人からの「お花屋さんを開きたい」といった相談にも融資で応えてくれるほどハードルが低かったので、借りやすいはずだと考えたのです。

ところが私は審査を通過できませんでした。そのとき、担当者から「当庫が審査を落とした実績は残しませんから安心してください」と言われたことが、何やら恩着せがましく聞こえたことを忘れられません。

審査に落ちた理由を確認すると、融資を求めている業界での勤務実績が私にはないから、というのです。つまり、私が会社に就職した経験がないことが理由でした。

この社会的信用の問題には悩まされ続けました。後の章でも触れますが、新規で起業した会社の代表者は、5期目まではまったく信用がないようです。とくに他での借入も一切なかったのですが、普通のアルバイトスタッフとして働いている人でも通るような小額のローンも通らないほどでした。

確認すると、私の会社の「従業員」であれば大丈夫とのこと。**起業した「社長」である本人の信用はなくても、その会社に勤める「会社員」であれば信用される**というのです。なんとも理不尽な世の中だと思いました。

若い起業家は、すでに売上の数字を出している実績はあっても、「いつ潰れて収入がなくなり、借金を背負うことになるかわからない不安定な職業の人」というレッテルを貼られていたようです。

社長なのに従業員より給料が安かった

しばらくして、ようやく運転資金に余裕ができると、もう1部屋借りて事務所を拡張しました。オフィスを立派にすることで来訪客の信用を得たかったからです。

しかし、フロアが分かれて不便だったり、坪単価で計算すると賃料も割高になることがわかったので、SOHO向けだったオフィスから敷金が必要なオフィスに移転し、従業員も雇用しました。そうしてより多くの信用を集めようとしたのです。**融資の依頼や営業を行った際に、従業員数を聞かれることが多かった**ためです。

当初、自分に対する報酬はぎりぎりまで削減して、アルバイトとして得た収入で補塡していたので、社長の私よりも従業員の方が給料が高い状態でした。

ビジネスを拡張するためには、まず形から整えていこうと思っていたので、とにかくオフィスを少しでも立派にすることにお金を回して、自分のことは後回しにしていたのです。

このときはまだ若かったため、従業員数を増やし、今どきのきれいなオフィスにすればビジネスはうまくいくのではないかと勘違いしていたのですね。いくらオフィスがきれいでも、勝手にお金を生んでくれる自動販売機ではありません。

また、優秀な営業マンでもない限り、新しく雇い入れた従業員がすぐに売上を上げてくれるわけがありません。お客様とwin-winの関係を築けるいい商品があってこそ、営業マンが必要になってくるのです。いい商品を開発してはじめて、それをサポートする従業員たちが快適に過ごせるいいオフィスが必要になってくるのです。

事業を支える場所は二の次、商品を艶《あで》やかに見せる販促物や営業マンは二の次、お客様に提供する商品こそが最も経費と時間をかけるべきものだという当たり前のことに気づくには、少し時間が必要でした。

会社員はローリスク・ローリターン？

以上のような、どちらかというとドタバタとして、起業することに躍起になっていた私の体験を知った人の多くは、今の私の、あまり表に出ず控えめな印象からは想像できないと言います。

「おとなしく控えめな人に見えるのに、なぜ、無難に就職して会社員になろうとは思わなかったのですか？」とよく聞かれます。

大学卒業前、起業の意志は固まっていましたが、就職できなかったから起業したとは思われたくなかったため、実は一通りの就職活動は行い、ある大手衣料品販売会社からは熱心にお誘いを受けていました。

お誘いを受けた会社、内定をいただいた会社すべてをお断りすることは失礼だとは感じていましたが、どうしてもそれらの会社に入って働くということがイメージできませんでした。

熱心にお誘いを受けていた会社にお断りを入れた際に、その企業の採用担当者に言われた言葉が**「『内定』の2文字は、企業から学生への最高の贈り物だぞ」**というものでした。今でも鮮明に記憶に残っています。

よく、「会社員はローリスク・ローリターンでつまらないからならなかったんでしょう」と言われることがあります。私はそのように思ったことは一度もありません。

むしろ、起業当初は自分自身の時間も資金も事業に注ぎ込んでいたため、同年代の会社員の人たちのことを、みんな自分よりお金持ちで安定した人生を過ごしているエリートではないかとも思うようになっていたほどです。週末に映画やショッピングに行ける人たちが心底うらやましかった記憶があります。

会社員が必ずしもローリターンだとは思いませんが、自分の業務範囲が決まっている分、報酬もそれなりになってしまうことは仕方がありません。

大きなリスクは背負わず、そこそこ仕事して、それなりの報酬を得て安定した生活を送る。と、文章にすると少し嫌味っぽく聞こえますが、大半の人はそれで幸せを感じ、満足しているのではないでしょうか。

それでは会社員にとって、リスクは皆無なのでしょうか？

たしかに、今にも潰れそうな小さな会社の社員であればリスクがあると思われがちですが、ものは考えようです。

小さな会社だからこそ、そこで働いてきた人には何かしらの専門性はあるものです。むしろ、**少数精鋭だからこそ専門性をより深めることができるし、自分の努力が会社の業績にダイレクトに与える影響も、大きな会社より実感できる**と思います。

もしかすると、ずっと頑張って認められたら社長の後継者になる可能性さえも、大きな会社よりずっと高いと思います。

常に悪い状況になることを想定しておく

一方、どれだけ大きな会社に勤めていても、リストラはまったく無関係ではありません。しかも、**大きな会社ほど自分の関わる業務範囲が狭いため、自分の専門性があいまいになり、次の就職が難航します。**

また、健康面も不安です。若いうちは今のことで精一杯になり、自分の体が悪くなることはなかなか想像できません。もしもしばらく働けなくなるような健康状態になったとき、会社はそのまま雇ってくれるでしょうか。

どれだけエリートであっても健康がすべてです。体を壊してからでは遅いのです。仮に少しのハンデを負いながらも復職できる程度に体が回復しても、それまで総合職や一般職に従事していた場合は、新しい仕事を探すことは難しいでしょう。

それでは、「会社員でも突然悪い状況になれば、どうしようもないではないか」と思われてしまいそうですが、ここでもネガティブな性格は役に立ちます。

「悪い状況になるかもしれない」ということを常に想定していると、日々の同じような仕事の中からでも、今後を生き抜く術が見えてくるはずです。

この会社の特徴は何か、この会社の何が評価されているか、自分のどこを伸ばせばこの会社で評価されるか、その能力はこの会社の外でも自分の強みになるのかなど、**会社に頼らなくても生き抜ける術を常に模索しているのが、ネガティブ思考の人の特徴**です。

目の前の仕事をこなして上司に認められて出世したいと必死になってばかりいると、突然悪い状況に転じた際に備えがありません。そのような姿勢で身につけているスキルは、その会社特有のスキルになりがちなためです。

今やっているメインの仕事がダメになっても、常に2番手、3番手のオプションを考えておけば、安心して目の前の仕事に打ち込めます。

友人は数よりも存在感

ところで、今の私に会った人は「こんなおとなしそうな人によく社長が務まるな」と思うようです。しかし、すでにお話しした通り、学生時代は決してネガティブなだけの若者ではありませんでした。**いくつもの起業のリスクに対して備えているうちに、ネガティブな体質になってきた**のだと言えます。

私の海外のハイスクール時代からの一番の親友は、現在香港や上海をベースに実業家として事業を拡大しており、多くのラグジュアリーなビジネスを展開しています。

その友人とは無二の親友ともいえる間柄で、ハイスクール時代には学校の帰りに一緒に公園で星空を眺めながら、「いつか2人で世界を舞台にしたビジネスをやりたいなぁ」と話すこともありました。

もっとも、彼は起業家の家柄でしたので、物心ついたときには企業を経営するのだと自然に思うようになっていたのだと思います。しかもはじめから人脈や潤沢な資金を親から引き継ぎましたから、普通の人よりは圧倒的に有利な条件で起業できました。

そのような彼と自分の境遇の違いについて、当時の私はあまり意識していなかったので、自分も起業することが当たり前と思うように感化されていきました。

そんな彼は努力家で頭もよく、スポーツも万能でしたが、地味であまり目立つタイプではありませんでした。また、家が裕福だったにもかかわらず、常に質素倹約、最小限の生活費で暮らしていました。

面白かったのは、彼にどこかに遊びに行く話や、まれに将来のビジネスの話などをしても、**いつも彼との会話は否定から始まった**ということです。

私の提案に対して、自分の納得のいかない部分、疑問に思う部分などをいくつも切り返してくるのです。彼が“You're right, I agree.”のように同調してきたことは一度もないように思います。彼が、すべてのことを慎重に行い、リスクがあることに対してはそのリスクを取り払えない限り行動しないタイプの人間であることは、だいぶ後になって気づきました。

彼は結局、親の仕事は継がずに、自分自身で事業を興し、親の事業規模をはるかにしのぐまでに育て上げました。それを彼は帰国後のわずか10年間で成し遂げています。すでに彼は、一般人からすると雲の上の人のような立ち位置になっていますが、今でも頻繁に私を訪ねてくれますし、心を開いて話せる数少ない、かけがえのない友人です。彼の存在が私の意識に大きく影響したことは確かだと思います。

彼のように、私にとっての友人とは、毎月のように会わなくても自分の意識の中で存在感が残れば十分という存在です。そのような友人は、ＳＮＳなどで数時間おきに中身の薄い連絡を取り合っているだけのような１００人より、ずっと濃い影響を人生に与えてくれるものだと思います。

貧乏を顔に出さない

私が起業した当初は、前述のようにまだベンチャーのような起業スタイルが浸透しておらず、**代々続いてきた企業の経営者たちからは排他的な態度を示されました。**学生臭が消えていない若造が起業して対等に商売しようなんて、生意気だといった雰囲気でした。

とくに私が起業した地域は、着物産業の中心地とも言うべき一帯で、他にも伝統的な産業がたくさんあり、保守的な雰囲気が濃厚だったと言えます。

そんな彼らからは、生意気な若造が何やら妙な押し売り販売をしているようだ、と見られていたようです。そのため、社内や店頭の若い人が興味を持って私の話を聞いてくれそうになったときも、奥に鎮座している大旦那的な人が睨《にら》みを利かせると、「はい、ここまで」となるのでした。

「わしらはここで、何百年という歴史を背負って商売しているんだ」

そんな言葉を聞かされたのも一度や二度ではありません。

どちらかというと彼らはこれからどんどん需要が少なくなり、市場規模も小さくなるであろう産業の中でビジネスをしていました。

彼らもいくら偉そうな態度を取っていても、心の底では今後どうなっていくのだろうかと不安でいっぱいだったに違いありません。テクノロジーの発展により世の中の変革スピードが早くなってきた昨今、「昔のまま」を維持していくことはとても困難です。

職人気質の人たちはものづくりには一生懸命でしたが、経営についてはそれほど精通していませんでした。**品質を保ち、従業員を絶やさない努力さえしていれば、取引**

先からの受注もずっと続くと盲信していたようです。いや、信じたかったのかもしれません。

そのような不安を抱いていることを感じ取った私は、以後の対応を少し変えてみることにしました。

「一見さんお断り」の看板を掲げる

当時の私は月に10万円の収入もないくらいでしたが、そのようなことはおくびにも出さず、パリッとしたスーツに身を包み、ノートパソコンを片手に、デキるビジネスマンを演じました。

そして事前にこれから会う相手の業界のことを勉強し、この業界に近い成功事例を可能な限り頭に詰め込んでから話すようにしてみたのです。

すると、私の話への食いつきがこれまでとは変わってきました。**少なからず不安を抱いている人は、同じ業界の成功体験を語る者にひかれていく**ことに気づきました。

人はまず視覚から人を判断し、次に最初の1分間の会話の内容で、その先信頼すべきかどうかの大方を決めてしまいます。第一関門を通過した上で、彼らが理解しやすい身近な業界の事例を交えた話をしっかりと予習して話すことで、俄然、私にも興味を持ってもらえました。

「これだけの知識がある人なら、自らも成功しているに違いない」と思ってもらえたため、それ以降は、学生上がりの若造に対する哀れみを感じさせるような、お付き合い程度の発注はなくなっていきました。

このようにして、ある程度の実績を重ね、仕事が安定してくると、私は周りの人が唖然とする行動に出ました。

オフィスに「一見さんお断り」の看板を掲げたのです。

私に会うためには事前のアポイントを必須にし、アポイントの日には先方からオフィスに来社してもらうスタイルにしました。強気の姿勢を示したのです。

この方法で、それでもあなたに頼みたい、というお客様を篩《ふるい》にかけて、自分のフィールドに誘い込むことにしました。すると、初対面でも圧倒的に優位な立場で対応することができるようになったのです。

なぜこのようなビジネススタイルに転換したのかというと、**ある程度の実績を上げていても、それが口コミで広まるには時間がかかりすぎる**と考えたためです。

それならば、自分で自分をブランディングし、それに恥じない仕事を提供することで特定数の顧客の信頼を得ることができるのではないかと考えました。

そしてそのもくろみは、見事に的中しました。

時給300円で貢献しても、お払い箱にされる

ただ、若いがゆえにすべてが順風満帆とはいきませんでした。

起業して1年目に、ある問屋さんから、これから新しい事業としてインターネットでも販路を広げていきたいので、しっかりとしたアドバイスがほしい、との依頼を受けました。そして、月5万円の定額でコンサルティングの仕事を引き受けます。

ところがそのクライアントには、20代の若者に毎月5万円の報酬を支払うことに少し抵抗があったようにも見えました。そこで、そのような不安を払拭するために、私

はほぼ毎日クライアントのオフィスを訪れ、懸命に改善策を提案していきました。

土日もいとわず通い詰め、時給にすれば300円程度になるくらいでしたが、クライアントの代表者および担当者全員がほぼ素人だったため、スタート時に集中して対応をすることで、ある程度クライアント側の知識を成熟させてあげる必要がありました。

その結果、**コンサルティング前には月1万円あるかないかの売上だったネット販売は、半年足らずで月商300万円を超える**までになりました。

頑張った甲斐があったというものです。これで私の仕事は、効果があるという信頼を得たはずです。

ところが売上が増えてくると、今度は発送ミスが多く発生するようになりました。また、梱包についてもクレームが来ることもありました。そのような報告を受けるたびに、ここは頑張りどころだと自分に言い聞かせて、どんなに夜中でも訪問して対応策を考えました。

このようにして、持てるすべてのノウハウを提供し、スタッフとも一丸となって頑張ったことで大きな成果を挙げることができました。これで十分な信頼も得られ、今後もよりよい関係が続くと安心したものです。

ところがその翌月、会社の口座にはいつもの5万円が振り込まれていません。入金漏れなのだろうかと思い先方に問い合わせたところ、こう言われたのです。

「君にはもう何もすることはないだろう」

当時はまだ契約書の重要性も考えておらず、信頼関係があれば仕事は続くと思っていました。この頃はまだ自分自身のブランディングもできていなかったため、先方の社長には「この若者を利用しよう」としか思われなかったのです。

このような伝統産業や老舗が多い地域では、地域に貢献したいと思っている大学生をアルバイトとして雇用することで、「自分たちも地域に貢献しているのだ」と考えている事業者も多くありました。それと同じ考えで、私の会社に対してもアルバイトを一人雇っているつもりだったのかもしれません。

私としては、最初にしっかりとサポートして土台を作れば、その後もずっと定期的なサポートだけで売上が入ってくると安直に考えていましたので、見事に期待を裏切られた形です。

仕事をもらえるだけで幸せ。クライアントは神様です――。

起業当時には、そのような気持ちを持つこともビジネスを行う上では必要なのだと思うこともありました。しかし、時間と体力と成果を求められて、全力で提供したとしても、若いから、自分たちよりも小さいから、というだけで見下されてしまったのです。

この体験を経て、**クライアントから対等に見られるためには、何をしたらよいかを**考えるようになります。

「儲かってる感」を出したら売上が増えた

起業当初は、当時よくあったｗｅｂサイト制作会社のようなことをしていましたが、徐々に私の商圏にも競合が増え、瞬く間に価格競争のような状況に陥っていきました。

その結果、**制作会社はどこに頼んでも同じ、とりあえずｗｅｂサイトがほしいので、安い方がいい、というニーズが増えてきます。**

私の会社では営業力と制作リソースが限定的だったため、安すぎる金額で受注すると消耗感ばかりが増してしまい、とてもビジネスを継続していける状況ではなくなってきました。

どうしてもいいものを提供したい、ただ作って納品するだけではなく、クライアントのビジネスでも成果を出してもらいたいという気持ちがあったため、時間をかけすぎていたのです。

このように限界を感じていたときにひらめきました。

「お客様はどうしてwebサイトを作るのだろう。販路を広げて売上につなげたいからではないか」

そう気づいてからは制作の受注をやめて、**当時としては珍しいwebマーケティングのコンサルティング業を主軸にすることにシフトしました。**まだ今のように会社や商店がwebサイトを持っていて当たり前という時代ではなかったため、「作って公開する」ということだけが重要視されていた時代です。

しかし、相当なスピードで数多くの新規サイトが開設され始めていたため、すぐに次の段階として、開設したサイトをより多くの人に見てもらうことや、サイトからの売上を増やすといった成果を求められるようになり、競争が激しくなるだろうと予想していました。

これまでのwebサイト制作業であれば、ラフな格好で、一般人よりもインターネットに詳しい程度でもクリエイターとして受け入れられましたが、コンサルタントと称するには、圧倒的な専門性を持った成功者でないとクライアントも依頼に不安を感じるのではないかと考えました。

そこで私は、これまで以上にオフィスに気を使うようになります。ビジネスの中心街からあまり離れていない場所に、それなりに小ぎれいな事務所を構えることで、クライアントの安心感につなげたのです。

このビジネスにシフトした結果、1回限りの制作業とは異なり、クライアントのことをよく理解し、課題に対して的確に応対でき、成果をどうしたら出せるかを一緒に考えることができる「パートナー」として対等なポジションで取り組める仕事が業務のほとんどを占めるようになりました。

収入面でも、**継続的なストック収入が売上の多くを占めることで安定していきます**。営業面でも、紹介だけでクライアントを獲得できるようになり、血のにじむような新規営業は必要なくなっていきました。

第４章

「儲かってる感」の作り方

なぜ行列のできるラーメン屋に人は並ぶのか？

人気の飲食店の店先に行列ができている風景は、今に始まったことではありません。その代表格がラーメン屋さんではないでしょうか。気軽に食べられるお手軽感があり、店ごとに工夫された特色や話題性を提供してくれるので、空腹を満たすためだけではなく、好奇心や興味本位で並ぶ方も多くいると思われます。

海外では、以前はこのような行列はあまり見られませんでしたので、この行列を作りたがる気質は日本人に強い傾向なのかな、と思っていました。

しかし、近年は欧米でもお店の前に行列ができる光景が見られるようになってきています。

私個人の推測では、**日本人が行列に並ぶ理由と欧米人が行列に並ぶ理由はちょっと違う**かな、と思っています。

日本人の場合はおおよそ想像がつくかとは思いますが、その主な理由は、より多くの人に合わせて行動しておけば間違いないだろうと判断する傾向があるからです。

これを心理学では「同調行動」と呼びます。つまり、**「自分の意思よりも多数派が評価していることの方に価値がある」と思い込む**ことです。

この同調行動は、多数派と同じ行動をしていれば安全だろうとか、他者と同じ行動を取らなければ取り残されてしまう、疎外されてしまうといった不安も理由として考えられます。

とくに、自分の考えを主張することを抑制する傾向が強い日本人は、この同調行動を自然に取ってしまうことで行列ができやすくなると考えられます。

そのためか、日本には昔から「サクラ」と呼ばれる役割の人を用意して、にせものの行列やファンを作って客寄せに使う、ということがごく自然なマーケティング手法として行われてきました。

欧米人の場合も同調行動を取る傾向はまったくゼロではありませんが、どちらかというと自分の価値観や判断力を優先して行動することが一般的です。

嫌なことはＮＯと主張できる人が多いため、どこかのお店に人が並び始めても、**ちゃんとそのお店の商品やサービスに納得した上で、「それらを体験したい」という意**

思がはっきりしたときに並んでみようと思うようです。とりあえず並んでみるという行動を取ることは少ないため、行列ができにくかったのではないでしょうか。

ますます行列を作りやすくなった現代

近年は、人気のある観光地や飲食店を、スマートフォンのGPSを利用して簡単に探すことができるようになりました。

これまでは、見知らぬ地で自分に合ったレストランを探すためにはホテルの人に聞くか、観光ガイド本などの情報を頼るしかありませんでした。

当然、これらの情報にはどれも主観が入っており、自分に合った情報ではない可能性もありましたが、それを自分で判断することは難しいものでした。どの店がどういう理由で人気があるという情報も、現地に知人がいない限り得ることが難しかったのです。

ところが、近年は世界的に普及したSNSにより、観光客はネット上の誰かの意見を見ることで情報を共有でき、自分の好みにマッチした店を簡単に探すことができるようになりました。これは観光客のみならず、自分の街にある店にしても同じことが言えます。

これらネット上の口コミは、投稿者が自ら体験して得られた情報という前提なので、自分の意見を尊重する欧米人でも自然と同調行動を取ることにつながり、結果的には日本でも欧米でも、行列ができやすくなったのかもしれません。

このことは一方で、インターネットが普及したことで意図的に行列を作りやすくなったとも言えます。

これらは**リアルな店舗の前に行列ができるように仕向けるというだけではなく、インターネットの特定のサイトやECサイトにもアクセスを誘導できる**ということです。

この考え方を利用したのが、ステルスマーケティングやインフルエンサーマーケティングと呼ばれるマーケティング手法です。

ステルスマーケティングは、ある商品に利害関係がない（と考えられている）人物が、広告であることを隠してその商品を自分のブログやＳＮＳで高く評価したり利用した感想を述べたりして、閲覧者をその商品に誘導する手法です。

評価した人が有名人であれば、より効果的です。そのような評価をしている有名人のファンにとっては、その人に対しての信頼性が高いため、容易に同調してしまう傾向にあるのです。

もう一つのインフルエンサーマーケティングも同様です。SNSで膨大なフォロワーを有する影響力のある人物に、自社商品を試しに使ってもらうなどして紹介させ、フォロワーによる購入や情報の拡散を促すマーケティング手法です。

この影響力のある人物とは、カリスマ主婦や芸能人、評論家、スポーツ選手、YouTuberなどで、その影響力の大きさから「インフルエンサー」と呼ばれます。

これらのマーケティング手法が注目されたことで、近年では日本でも海外でも意図的に人を特定の場所に誘導することが容易になったと言えます。ポストに勝手に入っていたチラシなどとは異なり、**自分が能動的に得た情報として捉えてしまっているため、広告とはあまり意識していない**だけかもしれません。

このマーケティング手法は、テレビ番組内の特集や新聞・雑誌の記事広告では昔から行われていましたが、媒体がインターネット上にシフトしたことで、広告主にとってはより手軽になり、消費者にとってはより判別が難しくなりました。

つまり、あなたも私も、意図的に作られた評価によって、知らないうちに消費行動を誘導されているかもしれないということです。

頼られるビジネスパーソンは「デキる感」を演出している

このように、お店や販売サイトでは、行列ができるような、あるいはアクセスが集中するような評判を意図的に作り出して、その結果「儲かってる感」を印象づけることでお客様を安心させ、集客を増やすことができます。

もちろん、その商品力の高さで本当に賑わっているがゆえに「儲かってる感」が出ているお店もあります。このようなお店は本質的な部分でお客さんを増やしてきているわけで、演出しているわけではないでしょう。

この現象や考え方は、個々人のビジネスパーソンにも応用できます。

つまり、**「私は優れた人物です」「私は仕事がよくできる人物です」というシグナル**

を自ら発するのではなく、「相手が自分でそう判断した」と思わせるといいのです。

そもそも本当に仕事がよくできる優秀な人材は、行動そのものが自然と「デキる感」をまとっています。したがって、意識的にそのような人と付き合っていると、自然と「デキる感」が身についてくるはずです。逆に、無意識に不特定多数の人とお付き合いをしているだけでは「デキる感」は見えにくくなってしまいます。

このように「デキる感」を持つ人物を観察して真似ることで、実際によりよい仕事を得る機会を捉えることができます。そして、**その「デキる感」に実際の仕事の質も追いつかせるために、自分を成長させる必要に迫られる**ことになります。

たとえば、コンサルティング会社や広告の制作会社などは、多くの実績を示すことで自社をアピールして顧客の信頼を得ることができますが、まだ立ち上げて間もない場合は顧客に示せる実績がありません。

それゆえに売上も小さく、毎月の資金繰りに困窮してしまうと、つい「何でもやりますから」「安くしますから」と下手《したて》に出てでも仕事を得ようとしてしまいます。

安く多く仕事を取ることで忙しくなりすぎると、自分でもなにやら繁盛していると錯覚してしまい、薄利多売、貧乏暇なしでたいした評価もなしという状態に陥り、そこから脱することができなくなる危険すらあります。

そもそも、**自分の宣伝や事業自体を軌道に乗せられていない会社に、誰がコンサルティングや広告の制作などを頼もうとするでしょうか。**

「儲かってる感」を作る

会社員の場合でも、つい目先の評価を得たいがために、「小さな仕事でも何でもやります」と安請け合いしてしまうことがあります。

その結果、一つひとつの業務クオリティが低下し、忙しいのに評価は得にくいといった状況に陥り、挙げ句の果てには**昇進どころか何でも屋さんのような立場になって、本業から漏れた雑用ばかりを押しつけられる都合のいい社員になってしまいます。**

私もかつては、まだ自分の給料も満足に出せない状態であるにもかかわらず、しゃれたオフィスを構え、忙しくもないのに「一見さんお断り」といった営業スタイルを打ち出し、依頼者がいても数週間お待ちいただくといった、上から目線の殿様商売のような環境を作っていました。

ただ見栄っ張りなだけで虚像を作っていたわけではありません。自分の実績となり、評価を得られる良質な仕事を吟味していたのです。

「限りある時間をどう有効に活用するか」という視点で考えてみましょう。

それは時間を消費するのではなく、投資するという考え方です。会社でも個人でも若い時期に、実績にできるような仕事をすることは将来のための投資です。何を投資しているかというと、その年齢のその時間という取り返しがつかない唯一のものを投資しているのです。

ですから、将来のためにもならず、誰にでもできる目先のお金や評価のためだけの仕事に、その貴重な実績作りの時間を消費するのは、非常にもったいないことだと思いませんか？

私の場合は前述のように**「儲かってる感」を演出したことにより、信頼感を保ちつつも仕事を選べる状態を作っていた**のです。

短期的にはマイナス要素が強い手法に見えてしまいますが、長期的に見ると必ず自分自身と周りの環境に変化が現れてきます。

イニシアティブを取って「デキる感」を出す

会社員の場合は、社内の上司から依頼された仕事やプロジェクト単位で動く仕事はなかなか断りづらいと思います。業務命令に従わないわけですから、よほど合理的な理由を示せない限りは、職務怠慢だとか、やる気がない、あるいは協調性がないなどと評価が下がることは明白です。

また、若いうちはとくにそうですが、何が重要な仕事で、何が誰にでもできるようなさほど重要ではない仕事なのかを判断するのは難しいことだと思います。

若いうちは、仕事の重要度を考えるよりは、どのような仕事でも上司やクライアントに評価されるために、**一つひとつの仕事で自分がイニシアティブを取ることに注力すべき**です。

たとえば、忙しいときに上司やクライアントから「忙しそうだけどこの仕事頼んでいいかな」と尋ねられたら、まずは「できます」と答える。ただし、「○日の○時までお時間をいただいていいですか？」と期限交渉をすることで、期限のイニシアティブを取るのです。

そして、その業務に取りかかる前に仕事のロードマップを提出し、区切られたタスクごとに報告を提出します。

期限交渉をしてロードマップを出すことで、その業務に関してのイニシアティブはあなたが握ることになります。その結果、**仕事をリードしているように見えるので評価されやすくなりますし、仕事にゆとりを持たせることにもつながります。**

しかも、「他にも仕事を抱えていっぱいいっぱいだが、あなたの仕事はできるだけ優先してやりたいと思っている」という少々恩着せがましい印象を、嫌味なく与えることもできます。

同じように、クライアントから「発注を検討しているから、打ち合わせに来てくれる?」との要請があっても、「すぐに伺います!」と言ってしまっては、自分を安売りしている印象を与えかねません。

ここは一呼吸置いて、すぐに伺うには少しスケジュールが厳しい状況にあることを伝えつつ、仕事の概要をある程度先に聞いておきます。そして「なんとか調整できた」打ち合わせの当日にその業務のロードマップを持参することで、イニシアティブはクライアントではなく、あなたが取ることができます。

また、「できる限り早めに時間をやりくりして伺ったのだ」という印象を与えることに成功すれば、実際に訪問した際に、**クライアント側は「会ってあげている」のではなく、「わざわざ来てもらった」という印象を持ちます。**そのため、対等に近い形で仕事の話を進めることができるのです。

このように、ちょっとしたコツをつかむことで企業、商店、個人のどの立場でも「儲かってる感」や「デキる感」を演出することができ、より有利な条件での取引や、質のいい顧客を集めること、そして上司や取引先から高く評価されることができるようになります。

つまり、同じことをしているにもかかわらず、やり方次第ではその印象がかなり変わってくるということです。ずば抜けた能力がなくても出世している人や、事業が順調な会社の社長さんなど、デキると思われている人たちは、意識的にあるいは無意識に、このような行動を取っていることが多いのです。

「この仕事は君に頼みたい」と言われる仕事選び

「儲かってる感」「デキる感」を出すためには、ときには仕事を選ぶことも必要ですが、「どのような基準で仕事を選べばよいのか」とよく尋ねられます。結論から言うと、明確な基準はありません。あえて言うならば、**「自分の評価を高めるための演出がしやすい案件かどうか」**でしょうか。

さまざまな会社のｗｅｂサイトに「当社の実績」というページがあります。広告制作業、ｗｅｂ制作作業、デザイン会社、コンサル会社、リフォーム会社、建築会社などあらゆる業種の会社が、自社の実績を掲載しています。

これらの実績で紹介しているクライアントからは、お金をもらって仕事をさせてもらい、さらに広告塔にまでなってもらっているという、まさに一石二鳥の得をさせていただいていることになります。

広告制作会社であれば、その相手がある程度知名度のあるクライアントであったり、話題になってブームに乗っている商品を扱っているクライアントであれば、実績として掲載するだけで自社の評価もそれらのクライアントや商品の評価に便乗して高めることができます。

個人であれば、いい仕事をした場合に自分の上司や会社の幹部にその評価をフィードバックしてくれそうなクライアントかどうかで、仕事を選んだり、あるいは力の入れようが変わってきます。

逆に、これまで誰からも敬遠されているような案件やクライアントは、注文が多く面倒な割には評価をしてくれない可能性が高いですから、そのようなクライアントや案件はできるだけ避けたいものです。

しかし、**日本人は断ることが苦手なだけでなく、実は断られることも苦手**ですので、ぶっきらぼうに「それはできません」と答えてしまうと、上司や同僚、クライアントの印象を悪くし、単に仕事が嫌いな人物だという評価を下されてしまいます。

そのあたりの振る舞い方の機微をコントロールするのは難しいことではありますが、日頃からより評価に結びつきやすい仕事を選ぶことを意識しながら業務に取り組んでいると、社内もしくはクライアントから指名を受けるようなチャンスも増えてきます。

このように、評価されやすい仕事で実績を重ねていくと、上司やクライアントからは自分が得意な分野で一目置かれるようになります。そしてますます自分が評価されやすい仕事が依頼されるようになり、**「このジャンルの仕事なら彼に任せるといい」という、特定分野のプロフェッショナルと見なされる**ようになります。

これがブランディングの効果です。

自己価値創造とは何か？

「デキる感」という言葉だけを見たり聞いたりすると、誤解されがちなのですが、この真意は上っ面だけ装って相手をだますことではありません。「デキる感」とは、自分のポテンシャルのプレゼンテーション方法の一つです。

評価されるべき実力とは、あなたの努力、知識、行動、感情コントロールから成り立ちます。仕事の分野や方面によって、あなたの中に秘めているこれら4つのうちのどの実力がどう活かされていくのかは変わってきますし、自分自身でもそれぞれのポテンシャルがどの程度あるのかは、最初はわかりません。

これらのポテンシャルを自分自身で気づいていくプロセスのことを「自己価値創造（セルフブランディング）」と呼びます。

ところで、「デキる感」の演出方法は、仕事や立場、相手によって変わっていくものですので、一つに固定されるものではありません。家族に対して、上司に対して、部下に対して、同僚に対して、クライアントに対して、それぞれの仕事の分野に対して臨機応変に変えていくことがキモです。

共通しているのは、「自分は価値がある存在である」と相手に印象づけることが目的であるということです。

有名人や上場企業などは印象づけをしたい相手が大規模なので、ブランディングするためのアプローチが個人とは異なってきますが、**個人や小規模な組織であれば「自己価値創造」こそがブランディング**だと言えます。

このように、「デキる感」の演出を相手によって変えていくと書くと、なにやら難しそうですが、おそらく誰もが、普段から無意識に相手によって自分を使い分けていると思います。**これを無意識ではなく、もう少し戦略的に、つまり意識的に変えてみる**のです。

「デキる感」をどのように演出すればいいのかわからないと言う方は、とりあえずモデルとなる人物を探してみるといいでしょう。同僚や先輩、上司、あるいはクライアントや協力先を見回して、普段から「なんかあの人は『デキる感』があるな」という人の、「デキる感」を感じさせる行動や言動を真似てみるのです。

よく、大勢の前でのスピーチが苦手な人に、「好きな俳優さんになったつもりで、つなぎの口癖や間の取り方、姿勢や声のトーンを真似るとうまく話せる」というアドバイスをすると聞いたことがあります。「デキる感」を身につける簡単な方法もこれに似ています。

もちろん、いつまでもうわべだけの「デキる感」を演じているわけにはいかないので、並行して自分の実績や評価を蓄積していくことも意識します。

そのためにも、定期的に（たとえば月末ごとに）、**これまで自分が評価されやすかったのはどんなことか、実際に稼ぎやすかったのはどんな仕事だったか、面白くて夢中になれたのはどんな仕事だったか、といったことを棚卸する習慣を持つ**といいでしょう。

そうすると、徐々に自分がブランディングすべきジャンルが浮かび上がってきます。

第5章

コンプレックスと付き合う

人は誰でもコンプレックスを持っている

人は何かしらコンプレックスを持っていますが、**コンプレックスを持っていることで自分が他人より劣っているなどと考えるのはナンセンス**です。

人は自分を振り返ったとき、いい部分から入るのではなく、悪い部分から入ろうとする傾向があります。そのため、無理矢理にでも自分にコンプレックスを探してしまいがちです。とくに上昇志向の高い人ほど、憧れている理想像と比較したり、周りの人たちと比較したりして、自分が劣っている部分を見つけ出してしまいます。

一方、周りの人たちを見ると、自分よりも優れているところが目に入りやすいものです。

そのような劣等感を補うために、自分より劣っていると思える仲間を見つけて付き合うことで、「自分はこの人たちよりはマシだ」という安心感を得ようとする人がいますが、これはよくありません。どんどん楽な方に落ちて行ってしまいます。

それよりも、「コンプレックスを感じるのは悪いことではない」とか「コンプレックスこそ原動力になる」と開き直るくらいの方がいいでしょう。

コンプレックスを抱えている人は、自分の欠点を客観的に自己評価し、明確に意識していることが多いと思います。

たとえば学歴にコンプレックスがある経営者は、名だたる大学出身の経営者よりも自分が劣っているのではないかと感じてしまい、高学歴の人よりも多くの努力をしようとします。会話が苦手な人は、文章で伝えられるように努力します。身長が低いバスケット選手は素早さやトリッキーな動きで高さの不足をカバーしようとして、ユニークな選手を目指します。

また、**コンプレックスを明確に自覚している人は、小さな見栄や虚栄心を克服し、素直に周りの人の協力を得ることができる人が多い**ようです。たとえば技術に弱い人は、部下であっても優れた技能を持った人がいれば、素直にリスペクトしてその能力を活かす工夫をします。

私の体験から感じていることですが、日本人には劣等感やコンプレックスを感じている人が諸外国の人に比べて多いようです。謙遜こそ美徳とする風潮や「出る杭は打たれる」という言葉に表されるように、突出することを諫《いさ》めたり恐れたりする日本の社会が、そのような風潮を作っていったのではないかと考えます。

たとえば日本人の女性に「おきれいですね」と言うと、「いえいえ、そんなことありません」と否定されるか謙遜されるケースが多いのではないでしょうか。あるいは「気味が悪い」とけげんな顔をされることもあるでしょう。

中には、私は顔が大きいので、目が小さいので、などと具体的に自分がコンプレックスを感じている部分を説明する人までいます。まあ、これはこれで「そんなことはありませんよ」と否定してほしくて言っていることもありますが、実に日本人らしい反応だと思います。

ところが欧米人の女性に「きれいですね」とか「美しい目をしていますね」などと褒めると、ほとんどの場合、「ありがとう」「うれしい」といった反応を示します。

欧米人の多くは日本人とは異なり、自分は自分であり、人と違う部分は自分のユニークさであり強みである、というように、**他人と比較して自分に優劣をつける感性は薄い**ように思えます。

もっとも、私たちは日本で、日本人に囲まれて暮らしたり仕事をしている以上、必ずしも欧米流の行動様式を身につければいいというものではありません。時と場合と相手によっては、謙遜することで評価されたり好感を持たれる場合もあるでしょう。
しかし、**明らかにコンプレックスが日々の生活や仕事にマイナスの影響を与えていると感じているのなら、ここは頑張って発想の転換をしてみる価値はあります。**

克服できるコンプレックス、克服できないコンプレックス

起業して社長になったり、昇進して管理職に就くことになると、他人に評価される機会が多くなります。その際、多くの人は、出身大学や経歴、過去の実績などから評価しようとします。

私の場合は、一般的な就職経験や会社員経験がないということが、起業後の大きなコンプレックスとなっていました。

私が起業した当時は、大学卒業後に「きちんと」就職した経験がないということが、ビジネスパーソンとしての信頼を得る上では大きなハンデとなっていました。

すでに述べましたが、銀行などから融資を受けようとしても、起業した業界での就職経験や会社員経験がないというだけで断られているのです。

ただ、このことも、融資する側や取引を求められた側の立場で考えれば、業界で働いた実績のまったくない若者を信頼しろと言われても、そう簡単にはできないことは理解できます。ただの素人が思いつきでお金を貸してほしいとか、契約をしてほしいと言っている可能性があるわけですから。

今でこそ、「就職もせずに早くから志を持ち、身一つで起業し成功させるとはすごいことだ」などと言っていただくこともありますが、これは、**実際に起業した会社を倒産させずに存続させたという実績を見せたからこそ得られた信頼や評価**です。

ここにいたるまでは、就職しなかったことが私のコンプレックスとして実際にビジネスの障害になっていたのですから。

逃げるは恥だが……

話を戻しましょう。コンプレックスには、これからの努力によってどうにかなるものと、そうではないものの2種類があります。

たとえば、過去の学歴はどうあがいても変えることができません。職歴も同様です。また、親の職業や年収、生まれた場所、身体的な特徴なども変えることはできません。これらをコンプレックスと感じている人は、コンプレックスを直接克服することはできないでしょう。

克服できない以上、もはやコンプレックスを気にしても仕方がないのですが、前述の私の例のように、実際にビジネスや暮らしの上で障害となっている場合は、搦《から》め手で克服するしかありません。

しかも、グローバル化が進み、市場が飽和状態になった成熟した社会では、ささいな事柄まで差別化を要求されてあらゆる場面で競争原理が働くため、コンプレックスの内容も多岐にわたってきているように感じます。

しかし**コンプレックスの克服方法は、実はいたってシンプル**です。

それは、**自分の専門性や強みを作り出すこと、あるいは見つけ出すこと**です。10のコンプレックスがあっても、たった一つでも誰にも負けないという専門性や強みを持つことができれば、あるいは自覚することができれば、コンプレックスは克服できます。

たとえばマーケティング・コンサルティングの会社に就職したものの、同僚たちが一流大学の出身で、自分は三流大学の卒業、あるいは中退といった学歴上のコンプレックスがあったとします。

しかし、同僚たちが学歴にあぐらをかいている間に得意分野を絞り込んでスキルを磨けば、「最新のｗｅｂマーケティングに関する知識と解析能力については、彼にはかなわない」と評価されるようになり、**社内でも仕事を選べるほどの立場になる**ことが可能です。

あるいは容姿端麗な若い営業マンが多い広告会社の営業部門があり、その中に見た目がパッとしない中年営業マンがいたとしましょう。彼は自分の立ち位置を顧みて自信を失うことはあったかもしれません。

しかし、何事も努力と経験。**得意な業界に絞り込み、最新情報をキャッチアップする研鑽を続けていく**ことで、「この業界の最新ビジネス動向や顧客ニーズに関する情報では、彼は業界人であるクライアントの担当者さえも唸らせるほどに詳しいんだよ」と言われるほどの評価を得て、社内やクライアントから一目置かれる存在になります。

つまり、**コンプレックスを克服するために努力をする際は、「選択と集中」が有効**ということです。後は常に相手や周りを自分の土俵に引きずり込むことを意識していれば、時として実力以上に評価され、信頼されるようになります。

一方、資格を持っていないことや泳ぎがヘタなどといった後天的なコンプレックスは、資格を取ればいいだけですし、水泳教室に通えばいいだけのことですから、これらは克服できるコンプレックスになります。

つまり、克服できないコンプレックスを抱えている場合は、それらを直接克服できないことで悩み続けるよりも、別の優位性を高めることで、障害を乗り越える努力をした方が建設的だということです。

ただ、どうしても学歴が問われてしまう、あるいは容姿が問われてしまうという場合は、環境を変えることも検討しましょう。すなわち、思い切って会社や業界、職業を変えることで土俵を変えてしまうのです。

「逃げるは恥だが役に立つ」

これはテレビドラマにもなった人気マンガのタイトルとして有名な言葉ですが、実はハンガリーのことわざです。その意味は、「恥ずかしい逃げ方だとしても、生き抜くことが大切だ」だそうです。

私たちにも、**「逃げたな」と言われようとも、土俵を変えることで活躍できる可能性があるのならば、さっさと逃げた方がいい**ときもあるのです。

コンプレックスは克服するよりフォローする

コンプレックスを克服するための考え方について述べた通り、私は「克服できないタイプのコンプレックスは、無理に克服しようとして時間とエネルギーをいたずらに消費してはいけない」と考えています。

大人になってから性格や癖を矯正することが非常に困難であるように、頑固なコンプレックスをなくしてしまうことは困難です。そもそも、ダイエットや英会話の習得ですらなかなかできません。そのことは、さまざまなダイエット法や英会話習得法が次から次へと登場しても、いまだにビジネスになっていることから明らかです。たとえば、自己啓発系の本（本書も含まれますが）を読んだりセミナーに参加しても、読んだことや聞いたことを実際に実行できる人は1％もいないそうです。

私自身、いくつかのコンプレックスを感じていましたが、無理に克服しようと努力したことはありません。早くから克服することの困難さに気づいていたためです。

コンプレックスを克服するために不毛な努力を続けることよりも、そして努力すればするほど「自分はダメな人間だ」と精神的に消耗してしまうよりも、**さっさとコンプレックスを認めた上で、より得意なことを見つけ出して伸ばし、それを前面に出す**ことで上手に自分の弱点をフォローできるようになることにエネルギーを注いだ方が建設的でしょう。

コンプレックスを感じているということは前述の通り、自分の弱い部分を認識できているということですので、自分で感じる自分のウィークポイントや実力不足の部分をうまく補うことができるようになります。

一方で、自分の得意なフィールドのみで勝負していく、つまり自分の土俵に相手や周りを引きずり込むテクニックやコツ、癖を身につければ、強力な武器になります。

自分を大きく見せる方法

ビジネスの交渉では、こちらが若いことで見下されてしまうことがあります。あるいは、服装や物腰、話し方などでも軽んじられる場合があります。人というのはお互いに見た目で判断してしまうのです。

そして、初対面で優劣や上下関係など不利な印象を与えてしまうと、その後のビジネス交渉でも不利な状況が続いてしまうことがあります。

ここで重要なのは、自分を大きく見せることです。

これには持って生まれた見た目の要素を活用して優位に働く場合もありますが、そのような先天的な性質を持っていない人でも、**服装や物腰、話し方、知識・教養、そして心の持ちようで演出する**ことができます。

自分を大きく見せるためには、良質な服や鞄、時計などを身につけることも有効です。しかし、あまりに物に頼りすぎて自分自身の風格が追いついていないと、かえってそれらの一流品に呑まれてしまい、自分の貧相さを強調してしまうという逆効果になることもあります。

では、堂々とした物腰や落ち着いた話し方、必要以上に愛想笑いをしないなど、自分の内側から醸し出す大物感を、どのように身につければよいのでしょうか。

もし身近な上司や友人、取引先の社長などにそのような理想的な大物感を備えた人がいれば、その人とできるだけ多く接して、観察するとよいでしょう。**実際に接することができる模範的人物の影響は受けやすい**ものです。

残念ながらそのような模範となる人物が身近にいない場合は、仕方がないので、映画やドラマの登場人物から探し出すのもいいでしょう。

しかも真似たいのは雰囲気なので邦画である必要はなく、外国語を話している外国人俳優でも大丈夫です。面白いもので、英語など母国語以外の方が、物腰や話し方、表情や仕草の特徴を捉えやすいのです。

これは、日本語では言葉の意味がわかったことで特徴を捉えたと満足してしまうためなのか、言葉の意味を追うことに気を取られてしまうためなのかわかりません。

いずれにせよ、「かっこいいなあ」と思える人物を繰り返し見ることで、話し方や発声の仕方、間の取り方、表情、仕草など、その人物が醸し出す雰囲気や特徴をつかめるようになり、参考にすることができます。

自分が模範としたい人物を観察していると、人を見る目も養われてきます。

たとえば、ビジネス交流会などに参加すると、**信頼できる人物とそうではない人物を簡単に見抜ける**ようになっていることに驚きます。そのような目で人物観察をしてみれば、退屈な交流会も面白くなるかもしれませんし、妙な人物が近づいてきても、うまくあしらえるようになっていることでしょう。

このように、自分を大きく見せるテクニックを身につけることは、相手の人間性を見抜く観察眼を身につけることにもつながります。

収入が半減しても評価が上がる人

日本人はとくに収入で優劣をつけたがる傾向にあるようです。たしかに収入の高い低いはその人の社会的なステータスを計るバロメーターとして便利な面もあります。

しかし、人間の本質は知識であり、経験であり、人間性といった数値化できない部分にあり、収入だけで値踏みできるほど単純ではありません。

たとえば3年前まで1000万円の年俸だった人が、今年は500万円になってい
たとしても、その人の価値が単純に半減したとは言えません。あえて高い給料の職場
に見切りをつけて、より社会に貢献できる事業を始めたがために、一時的に年収が下
がっただけかもしれません。

たとえば千葉県で廃線の危機にあった「いすみ鉄道」というローカル線を復活させ
た鳥塚亮《あきら》前社長は、その経営手腕とキャラクターのユニークさから『カンブリア宮
殿』をはじめとするテレビ番組やさまざまな媒体で取り上げられた名物社長でした。

この鳥塚氏が注目されたもう一つの理由は、前職の航空会社の管理職として得てい
た高額な年俸と安定を手放して、ほぼ半減した年俸と今にも廃線になるかもしれない
ローカル線の社長の道を選んだことでした。

それでは年収が半減した彼の、人としての価値は半減したのでしょうか?

そんなことはありませんよね。むしろ彼の真価は年俸が半減してから飛躍的に高ま
りました。彼は、年俸が下がっても堂々としてイキイキとしていましたし、実際に経
営再建で着任早々に実績を出しましたから、より多くの人たち(とりわけ多くの経営

者たち）を魅了する人物になったのです。

月給が少なくても怯まない

多くの会社員にとって、経営陣への抜擢やヘッドハンティングでもない限り、短期間で飛躍的に給与を上げることは難しいのが現実です。

もし、人が収入の高さで評価されたり信頼されるのだとすれば、その評価や信頼を得るためには、ずいぶんと年月がかかってしまうことになりますし、そもそも給与が低ければ評価や信頼を得られないのであれば、給与を上げるチャンスをつかむことが難しい状態が長く続くことになります。

つまり、どこかで強引に給与を上げるか、評価・信頼を高めるか、どちらかを行う必要があるのです。

となると、**自分の意思や努力では急に上げることができない現実の給与は棚上げし、「給与が高そうな人」になってみればいい**のです。実直に努力して自分の信頼や評価を高めていくのは素晴らしいことではありますが、これに10年かかってしまっては、年齢的な機会損失と言えます。

たとえば私の起業当初は、自分の給与を抑えて事業の運営に回していたため、社長である私の給与は雇用しているアルバイト以下でした。

それでも肩書が社長である以上、、月収が100万円以上あるような社長さんとも対等に話すようにしていました。本来は会うこともできないような偉い立場の相手でも、下手に出ることなく、自分の土俵に引き上げることで、対等もしくはより優位な立場であるように振る舞っていました。

そうすると、「彼は実に詳しくて頼りになる」と評価され始めて、紹介によって優良顧客が増えていったのです。

私はあまりスピリチュアルなことは当てにしていないのですが、このときは、自分の意識や振る舞いが自分の周りの交友関係に影響してくることで「引き寄せの法則」のような現象が起きたのだと考えました。

ですから、**コンプレックスや劣等感を表に出さずに、それらを自己認識した上で、カモフラージュし、下手に出ないように意識する**ことが重要です。「うちはまだまだ小さいので」「僕はまだまだ若輩者なので」「まだまだ会社ではペーペーなので」などと自分を卑下することは絶対に言わないようにします。

日本人は人に贈るものでさえ「つまらないものですが、どうぞ」と言ってしまうので、よくよく注意しなければなりません。

決して偉そうに振る舞うということではありません。自然に対等感を出すことです。最初は簡単ではありませんが、常に心がけていれば、自然とそのような振る舞いができるようになり、風格が身についてきます。

そしてもう一つは、**困っていることを口に出したり愚痴をこぼしたりしない**ことです。儲かっているといった嘘の自慢話などをする必要はありませんが、とにかく苦労していることは言わなければいいのです。

そしてもう一つが、弱点は見せずに強みの部分だけを大きく前面に出すことです。実は欧米人にはこのテクニックを使う人が多くいます。

私の場合は英語を読むことに抵抗がありませんでしたから、海外で先行していたwebマーケティングに関する情報などは、競合するどの業者よりも先んじて知ることができていました。そのことでこの業界の最新技術や手法については、少なくとも私のビジネスエリアでは誰にも引けを取らないポジションを確立することができました。

また、「資本金を準備できなかったから、アメリカで会社を設立した」と言ってしまうとマイナス要素になってしまいますが、「最先端の情報を得るためにアメリカに会社を設立した」と捉えてもらうように印象をコントロールしたりもしていました。

ものは言いようということです。

まずは何か一つでも高い評価を得ること

多くの人は、**わずかな情報だけでもそれにインパクトがあれば、思い込みを強くする**傾向があります。ですから、あなたがわずかな強みやユニークさをうまくアピールできれば、それだけでも相手は勝手にあなたのことを「デキる人」「ユニークな存在」であると思い込んでしまいます。

また、このようにして、ある一点でもいったん好意的な高い評価を得ることができれば、他の分野でも信頼できる人物として評価されやすい傾向があります。

たとえば私は根っからの文系ですが、ｗｅｂ関連のビジネスをしていてそれなりに信頼を持っていただけた人たちからは、理数系だと思われています。そのため、家電から最新のＩＴ技術までテクノロジー全般に強いと思い込まれています。

実際周りからそのように信頼されるようになると、自分でもその信頼を裏切りたくなくなりますし、自分と知り合いでいることで得をしたと感じてもほしいので、積極的にその分野に興味を持って研究するようになりました。

たとえば、保険の外務員やＩＦＡといった独立系ファイナンシャル・アドバイザーと言われる人たちの中には、日頃からお客様の私生活面もこまめにサポートしている人がいます。

例を挙げると、お年寄りの家で天井の蛍光灯を取り替えてあげたり、足が不自由な人のために買い物をしてあげたり、話し相手になってあげるためだけに訪問したりするなど、私生活面での信頼を得るように努めているのです。

そのようにして得られた信頼はその人物に対しての信頼ですので、その人から商品を紹介されても、「この人が勧めるなら間違いないだろう」と契約してしまいます。

デパートの店員でも同じことが起きます。あからさまに商品を勧めるようなことはせずに、お客様の役に立つ情報やお客様が心地よいと思える対応を続けていると、個人的な付き合いでもしてきたかのような信頼を得ることができ、定期的に来店したり商品を購入してくれるようになります。

人には性善説を信じたいという気持ちがあるのかもしれません。ある一面で信頼できた人に対しては、他の面でも信頼するようになるのです。

自分のフィールドに引き込む

これまで何度か触れてきましたが、ビジネスのみならず人との付き合いで優位に立つためには、相手を自分の最も有利なフィールドに引き込むテクニックを身につけることです。

理想を言えば会話や商談だけではなく、**生活やビジネス活動すべてを自分のフィールド上で展開していく**のです。これが、最も手早く評価や信頼を得る方法です。

人との関係において、ポジショニング、つまり自分の立ち位置は、その後のあらゆる結果において重要な要素となります。

常に有利なポジションで接することで、自分の理想とする結果に誘導しやすくなります。これは決して横柄に振る舞ったり見下したりすることではなく、また、相手の話を聞かずに自慢話だけをするということでもありません。

初対面のときから相手を自分の土俵に引き上げて、より自分に有利なポジションに立つためには、**日頃から自分の独壇場にできるストーリーを用意しておく**と楽です。これを実践しておくと、場数を踏んでいくうちにストーリーがより洗練され、バリエーションも増えていきます。

それでは、相手に対して自分が優位なポジションに立てたかどうかはどう判断すればよいのでしょうか。

人には、自分が信頼できると思ったり、自分より優れていると感じた人に対してはつい悩みをうちあけたり、相談を持ちかけたりしてしまうメンタリティがあります。ですから、相手に信頼され、自分のフィールドに入ってきたかどうかは、相手が自ら抱えている課題や悩み、そして目標を語り始めたかどうかで判断することができます。

もちろん、相手を自分のフィールドに引き込むことは容易ではない場合もあります。

交渉慣れしている人になると、うかつには相手のフィールドに入らないように抵抗するためです。

しかし、このような人ほど、いったんこちらのフィールドに入れることができれば、とても強い信頼を寄せてくれるようになります。

このような相手にインパクトを与えるためには、**その場で相手が求めていること以上のソリューションを提示できることが必要**です。ここで言うソリューションとは、ビジネス的なオファーだけではなく、会話において相手が望んでいるであろう対応すべてのことです。

そのためには、**日頃から自分のフィールドを広げる習慣を持つ**ことが大切です。幅広い知識を持っていれば、会話の中でも相手を自分のフィールドに誘い込むチャンスを捉えやすくなります。

無理に相手の土俵で戦わない

自分のフィールドを広げるために最も効率がいいのは、本や情報誌を読むことです。最初は自分が得意とするテーマから読み始めますが、徐々に関連するテーマの分野の本や情報誌にも手を出すようにしていきます。

また、人に会うときは事前に相手の基礎情報を得ていることが多いわけですから、その人と会うまでに、相手を引き込めそうなテーマの本や情報誌に目を通しておくことも効果的です。相手のフィールドと自分のフィールドをつなぐためのシミュレーションをしておくのもいいかもしれません。

このような**努力を惜しまない姿勢こそ、ネガティブ思考のたまもの**です。

さらに、大物感を見せて堂々と折衝するためには、メンタル的な余裕を持つことも重要です。「わからない話が出たらどうしよう」「ここを突っ込まれたらまずいなあ」といった不安を払拭するためには、努力して手を打っておく必要があるのです。ただし、試験勉強のようにすべてを完璧に理解する必要はなく、自分のフィールドを作り、そこに誘導する手段を考えていけばいいのです。

もし、事前に準備した知識で対応できない話をされたら、無理に対抗して相手の土俵で戦うことは避けましょう。

「その辺りのことは詳しくないのですが、面白いので聞かせてください」と強い興味を示せば、たいていの場合、相手は喜んで話をしてくれます。少々退屈な話が続くこともありますが、実はこのようなときは相手は手の内をさらしている状態ですので、次回の折衝で優位に立つためのヒントをたくさん拾い出すことができます。

そして、回答が困難な質問や課題を出されたときも、無理していい加減なことを答えるのではなく、**「持ち帰って専門の者の意見も聞いてみます」や「念のため詳しい者にも確認してきます」と言って時間稼ぎをします。**

そして次回は、自ら情報武装して臨むか、信頼できる専門家を同伴して再訪すれば、相手の信頼感は増すでしょう。

このように、要領よく成功するためには、自分の不利な土俵ではまともに戦わないことです。

どのような現場でもスペシャリストは信頼されやすいですから、あなたが得意とする分野でスキルアップすることを怠らなければ、いずれ評価され、得意分野の相談や仕事の依頼が増えてくることは確実です。

しかし、自分のフィールドが自分の望むものと異なる場合もあります。自分は本当はこの方面で評価をされたいが、会社や上からの指示で別のフィールドで頑張らざるを得ない、といった状況です。

ただ、このようなケースは一時的であることが多いため、**自分が目指すべきフィールドへの努力を貫いていきながら、徐々に周りの評価が変化してくるかどうかを観察しましょう。**

もし、まったく変化の兆しがなければ、いよいよ異動願いを出すか、転職するなどして自分の特性を活かせるフィールドに移ることを検討した方がいいかもしれません。

第6章

引き寄せるには
プロセスがすべて

引き寄せの法則はあるのか？

最近、書店で「引き寄せの法則」というタイトルやそれをテーマにした本がとても多いことに驚きました。これらの書籍に共通する主張は、「願ったことは実現する」ということかと思います。

しかし、多くの人がさまざまな願いを持ちながら、実現できていないのが現実です。願うだけで叶うなら、皆お金持ちになったりスターになったりして幸せになっているはずです。

しかし、「願っても叶わなかったじゃないか」と目くじらを立ててクレームを言う人は少ないようで、次から次へと「引き寄せ本」が登場しています。なにやらダイエット本に似ていますね。**本当に願うだけで夢が叶っている人はいるのでしょうか？**

とはいえ、私に関して言えば、思っていたことはほぼ実現してきました。

もっとも、周りには本当にすごいことを実現した人がたくさんいます。また、テレビや雑誌でも、負けず劣らずすごいことを実現した人たちが紹介されています。

そのような人たちに対して、私は素直に「すごいなあ」と感心することはありましたが、自分にもできるはずだ、などとは思ったことがありません。また、「引き寄せ本」で紹介されているような、紙に書き出したり寝る前に強くイメージしたりするという「引き寄せテクニック」を実践したこともありません。

それでも、願っていることは叶う、ということについては否定しません。「願う」というと神頼みのようなイメージがつきまといますが、そのような他人任せ的な引き寄せについては、私は懐疑的です。

ただ、願いごとを常に意識することで、願っていることを実現するために必要な情報に敏感になり、行動すべきときに行動するための決断力が高まってくるという意味では、「引き寄せ」はあると考えています。

つまり、本人は「引き寄せの法則により願いが勝手に叶った」、あるいは「何か大いなる宇宙の力が働いて願いを叶えてくれた」などと思っているのかもしれませんが、実はそのような人は、**願いごとを実現するために、しっかり情報を集めてチャンスを逃さずに自ら行動しているのだ**と思います。

ただ、それを自覚していないだけなのではないでしょうか？

ただ願うのではなく、意識的にイメージする

スピリチュアルな本や「引き寄せ本」が好きな人は反感を覚えるかもしれませんが、願ってさえいれば何者かが導いてくれる、実現してくれるなどとは思わない方がいいでしょう。ヘタをすると、願いが叶うことを待ち続けているうちに、人生が終わってしまうかもしれません。とはいえ、私自身は自分がほしいと思っていたものを得られていますし、なりたいと思った境遇も手に入れました。

そこで、私なりの「引き寄せの法則」の実践方法をお教えしましょう。

まず、**自分が思い描いている将来を頭の中で強くイメージしてみてください**。そして、暇さえあればそのことをイメージするようにしてください。

――と、ここまではよくある「引き寄せ本」に書かれていることと同じです。よく、「願望はいつでも忘れないようにノートやメモ帳に書いて繰り返し読む」というようなことも書かれていますが、私に言わせれば、**イメージすることを忘れてしまうようであれば、それはたいした願いではありません**。本当に、切に願っていることであれ

ば四六時中考えているはずですから、あえて何かに書く必要はないでしょう。

こうして常に実現したいと気にしていることがあれば、自然と願いを実現するために必要な情報に敏感になります。

そして、ここからが肝心なのですが、**情報をキャッチしたら、何かが動き出すのを待つのではなく、自分が動く**ことです。

たとえば、お気に入りで頻繁に訪れる旅行先があって、何度も訪れるうちに、「ここで暮らせたらなあ」と、その土地への移住を願うようになったとします。そうすると次に旅行に行ったときには、これまでは気づきもしなかった不動産屋がいたるところにあることに気がつきます。ここからは、自分の行動にかかっています。

あるいは半年後に海外出張しなければならなくなり、急に出張先でのコミュニケーションに向き合う必要に迫られたとします。

ここで「うまくコミュニケーションが取れるといいな」と願うとそのイメージが意識に強く定着し、英会話教室の看板がやたらと目にとまったり、書店に入れば英会話本の表紙ばかりが目に飛び込んできたりするようになります。ここでも、後は自分の行動次第となります。ただ願っているだけでは外国語を話せるようにはなりません。

肝心なのは行動すること

科学者がある課題を解決しなければならなくなったとき、そのことをまったく忘れているようなときでも潜在意識が稼働しているため、まったくの偶然にその解決策のヒントを見つけるという話をよく聞きます。

実はこれは偶然ではなく、無意識に考え続けていたことによる必然的な結果だと思います。しかも肝心なことは、**このような「偶然の」発見をした科学者たちは、直後にメモを取って考えを整理したり、実験を行ってその発見の有効性を確認したりと、必ず自分で行動している**ことです。

ですからたとえば、あなたが近い将来に一戸建てを購入したいと思ったとき、一戸建てを手に入れるために必要な資金を今の月給のままで貯められそうもないと計算できてしまったとします。それでも一戸建てを購入したい、と強く思ったときに、潜在意識には明確な課題が与えられるのです。

その結果、日々の生活で節約できる部分が見えてきたり、それまでは考えたこともなかった転職情報に気がついたり、あるいは自分のスキルを活かしたサイドビジネスを思いついたりします。

場合によっては、新しいビジネスで起業するアイディアが浮かぶかもしれません。

そして肝心なのが、行動することです。

一見、突拍子もないと思えるような願望でも、それを叶えることが潜在意識に対する課題に変化したときから、五感がその課題を引き継いで、願望を叶えるために必要な情報を捉えやすくなります。

すると、今のままだと楽だし、このままでいいというルーティンタスク化された行**動パターンに、新たな行動を加えるきっかけを探し出してくれる**のです。

ちょっと考えてみれば、願うだけで実現するというメソッドにはかなり無理があるということがわかります。

航空機に乗って死亡事故に遭遇する確率は0・0009％、より安全なアメリカ国内に限れば0・00034％（桁に注目してください）だと言われます。一方、年末ジャンボ宝くじで1等に当たる確率はなんと0・000005％だと言われます。文字通り、桁違いに低いのです。

つまり、宝くじが当たるよりも高い確率で事故に遭う航空機に平気で乗る人たちは、0・0009%や0・000034%は、ほぼ0%を示しているのであって、事故などあり得ないと考えているわけです。ところがそれよりはるかに確率が低い宝くじを購入するときは、「ひょっとすると当たるかもしれない」と思っているわけです。

宝くじを買う人は、誰もが「自分にこそ当たってほしい」と願っていることでしょう。しかし、願ったからといって、宝くじが当たるわけではありません。それこそ事情があって、誰よりも切実に当たることを願い続けている人もいるはずです。しかし、友人との付き合い程度の軽い気持ちで購入した人に当たるかもしれないのです。

このようなことを考えると、**宝くじ売り場に並んでいる人は、かなり切ないルーティンワークに陥っている**とも言えます。

自己評価が高い人はうまくいく

誤解されやすいのですが、「自己評価が高い人＝自信過剰な人」ではありません。

また、「ポジティブな人」でもありません。きちんと根拠を持った上で高い自己評価をしている人のことです。

「自信過剰な人」や「ポジティブな人」の自己評価には根拠がありません。あってもかなり希薄である場合が多いと思います。

「自分は何かすごいことをやれる気がする」とか、「やる気さえあれば不可能はないと思うんだ」などと言っている人は要注意です。その後で大きな挫折が待っている可能性が高いからです。

私はほぼボランティアで、起業を目指す人の相談に乗っていたことがありました。すると学生から50代の会社員まで、さまざまな人たちが相談にやってきます。

学生さんなら、コンピュータやIT分野の専門家でもないのに当時のITバブル時代のヒルズ族に憧れる人たちや、「人に使われるような人生は送りたくないから」と言う人たちから、会社員なら「給料が上がらないけど、同じ仕事を独立してやれば会社にピンハネされない分だけ儲かるはずだ」、あるいは「こんなアイディアを思いついたので会社を興したい」という人たちからの相談がありました。

それらの人に、「競合調査やテストマーケティングのようなことをしてみましたか？」と聞いたところ、ほとんどの人が一切やっていなかったというので驚きました。

このような相談を受けていると、世の中にはなんて脳天気な人たちが多いのだろうと呆れたものです。どの人もビジネスとして成功させる裏付けを持っていないにもかかわらず、とりあえず独立したい、起業したい、社長になりたいという漠然とした思いのみで行動しようとしていたのです。**ベンチャー企業の5年生存率が15%と言われている中、このような「ポジティブ起業」をした人たちの末路は想像に難くありません。**しかしほとんどの方は「自分ならできる」などと自己評価は高かったのです。

そこで起業の相談に来た人たちに、「もう少しリサーチをしっかりとした方がいい」と締めくくると、大半の人は自分が否定されたと感じたのか、いい顔をしませんでした。

かくいう私の学生時代も似たようなものだったために、さまざまな厳しい洗礼を受けることになったのです。その経験があるからこそ、これらの人たちが言っていることは無謀に聞こえました。

自己評価が高い人の中でも、周りから心配されるくらいのネガティブさで自分を客観的に評価し、欠点を洗い出した上で、この部分は他人よりも秀でている、という部分を見つけることができた人が本物だと思います。

言われたことだけをやるな

自ら起業した人や個人事業主は、何事も自主的に動いているはずです。**しかし会社員というのは、いつの間にか「拘束時間に対してお金をもらっている」と錯覚してしまいます。**

これは無理のないことで、仕事ぶりや忙しさに関係なく、毎月一定額の給料をもらっていると、たしかに拘束時間に対して報酬が発生しているように思えてきます。

残業をしないと給与が増えない、残業ができなくなったから給与が減ったなどという話題を目にすると、本来は時間労働者ではない多くの会社員がこう錯覚してしまっているのだとわかります。

この問題は、報酬アップの基準を拘束時間を増やすことに置き、出世や固定給与額アップの明確な基準を示すことができない会社にも原因があります。それでも、**「自**

分は仕事の成果に対して報酬をもらっているのだ」という自覚ができた会社員は、出世やヘッドハント、起業などでその他大勢から抜きん出ることができるはずなのです。

経営者の立場からすれば、たしかに固定給で雇っているとはいえ、それらは多くの場合、その報酬以上の業務成果を期待して報酬を支払っているのです。

極端な話、生産性を高めて、これまでの平均的な1日分の仕事以上の業務成果を半日で終えてしまえるようになれば、早めに切り上げて帰宅してもいいはずです。しかし残念ながら、そのような風土の会社やそれが正しいと考えられる労働者は、あまり日本にはいないと思われます。

それでも会社側としては、労働者の生産性が平均的なパフォーマンスを上回った場合、しかもその時点で仕事への熱意を失うことなく、さらに成果を出そうとする姿勢が見られた場合は、その人材を評価し、昇給や出世などによって報います。

ただ現実的には、営業職など成果が数字に現れる業務以外の場合、標準生産成果と追加生産成果の区別や評価基準が難しく、社員の管理が煩雑になるため、一人ひとりの労働者が平均以上の成果を出してもそれが明確に評価されることは稀だと言えます。

人々は「目標を持つ」「評価される」「十分な報酬をもらう」という循環によりモチ

ベーションを保ち続けることができます。労働者の質が上がらない、労働者がすぐに辞めるというジレンマを持つ企業は、すぐに労働者の問題にしたがる傾向にありますが、本当は会社の風土に問題があるのかもしれません。

会社の力を借りずに稼げるか？

一方、**労働者の立場で考えてみると、多くの人は仕事の成果に関係なく毎月決まった給料をもらえることの不自然さを実感してはいない**と言えます。

月額の給与は20万円から30万円くらいという人は多いと思いますが、これで満足している人も多くはありません。仮に倍になったとしても欲求を完全に満たせる人は多くないはずです。年収1000万円を超える人は日本の人口の5％以下と言われますが、調査によると年収1000万円の人でも皆がうらやむような贅沢な暮らしができているかと言えば、そうではないようです。

自信過剰な人ほど、自分個人の成果を主張する傾向にあり、自分が多くの努力をしたことで会社がより多くの利益を得ているにもかかわらず、なぜそれがダイレクトに自分の報酬に反映されないのかを疑問に持つ傾向があります。

それでは、果たしてその人が会社の力を借りずに自力で毎月数十万円を継続的に稼げるかと言えば、難しい場合がほとんどではないでしょうか。

このように、会社に所属しているだけでもらえると思われる給与は過小評価されてしまいがちです。同じ20万円でも会社員の月額給与としての20万円と、自分で何かを作ってネットで販売したり、屋台でおでんを販売して得た利益分の20万円とでは、感覚的な価値に相当な差があると思います。

この感覚的な価値の差を意識できない人は根っからの雇われ人間であると考えられるので、独立起業すると失敗しやすいのではないかと思います。

社長なのにアルバイトよりも信用がない

組織に属し、毎月決まった額の給料がもらえるということは、もしそれがずっと続くとすれば、究極の安定だと言えるでしょう。

生活の基盤が安定しているという安心感があるからこそ、もっと仕事を効率化できないか、生産性を上げられないか、新規顧客を開拓できないか、新しい商品を提案できないか、あるいは自分のスキルを高められないかなどと考える余地が生まれます。

ところが独立して起業をすると、当面そういった余裕は一切なくなり、目先の売上や支払いに四苦八苦することになります。また、これまで自分にあったはずの社会的信用がなくなっていることにも気づかされるはずです。

私が起業して1年目のことです。パソコンを買うために6万円の現金を持って電器屋さんに行ったところ、店員さんからショッピングクレジットで買うとお得なキャンペーン中ですよと勧められました。とくにデメリットも感じられなかったため、その支払い方法を選択すると、手続きの最後の電話審査ではじかれてしまったのです。

明確な理由は教えてもらえませんでしたが、どうも社会的立場が問題のようでした。現在はどうなっているかはわかりませんが、当時は**起業家である私は社会的には無職と判断されたよう**です。たとえば私がコンビニで長期的にアルバイトしている人であれば、たぶん審査は通ったと思うと言われました。

このときは、肩書としては一応社長の私が、アルバイトの人よりも社会的信用が低いことに驚き、もともと現金で購入する予定であったにもかかわらず惨めな気分になったことを覚えています。

その後、起業して3年目に事業も順調だったため、3000万円のマンションを購入したいと思いました。手持ち資金から1000万円を拠出し、残りの2000万円は不動産販売会社を通じて銀行の住宅ローンに申し込みました。**結果、銀行や信用金庫合わせて5社すべての審査に落ちました。**

会社が小さいことが問題なのか、と不動産会社の人に尋ねてみると、代表である私だとNGだが、普通に年収200万以上ある私の会社の従業員であれば審査に通るだろう、とのことでした。

結果的には、インターネット専門の独立系金融機関から1200万円までならOKとのことで、手持ち資金を800万円追加し、なんとか無事にローンを組むことができました。余談ですが、そのローンは翌年に一括で返済しました。

自分中心に考えるから愚痴が多くなる

つまり、毎月会社から決まった給料をもらっている会社員であれば、もしも会社が倒産しても他の会社に就職すれば給料が支払われ続けるため信用があるのです。しかし創業して5年以内の会社の社長は、倒産して負債を背負う可能性が高いためにローンなどの審査が非常に厳しくなるとのことでした。

創業5年が経過し、黒字経営を続けた結果、営業に来た銀行マンに尋ねてみると、このときはローン審査は最高枠まで通るとのことでした。

給料が少ないから、給料が上がらないから、仕事がつまらないから、人間関係があまりよくないからと簡単に仕事を辞めてしまう人が増えていると聞きます。**安定した会社の中に所属すると社会的信用に加えて、金銭面、時間面である程度先が読めるため、日々計画的に行動することができます。**

愚痴をこぼす前に、客観的に自分の社会的なポジションを見つめ直してみてください。そして、それが恵まれた状態にあることを認識した上で、現在の仕事の中から得られるものを最大限に吸収して活用し、さらに自分や自分の周りの環境をブラッシュアップできれば、それが次のあなたの飛躍につながるかもしれません。

自分を中心に考えていると愚痴が多くなってしまいますが、客観的に自己分析してみると自分の優位性のあるポジションが見えてくると思います。

そのポジションに満足する人と、そのポジションを意識して利用する人、この考え方の違いによって将来性に差が出てきます。どちらがいい悪いというものではありませんし、中にはいくら客観的に分析しても満足できない人もいることでしょう。

どちらにしても大事なことは、自分を客観的に分析できるかどうかです。ポジティブな人ほど客観的な分析に誤差が生じることが多くあります。

ポジティブな人は「失敗してもまた頑張ればいい」と失敗を切り捨てる傾向にありますが、ネガティブな人はグダグダと悩み続ける傾向にあります。しかし、失敗の要因、自分の悪い部分、嫌いな部分をあれこれ見つめ直してみることで、結果的にはいい判断ができるようになるかもしれません。

第7章

一生下っ端のままでいいか？

下から売るビジネスは甘えである

いまだに時折、日本的なビジネスの習慣に戸惑いを感じることがあります。

すでに述べた通り、日本のビジネスシーンでは、「お仕事をいただく」という感覚が強くあります。それらは、「報酬を恵んでいただいている」「仕事をやらせていただいている」といった感覚です。

とくに欧米のビジネスマンから見ると、このような姿勢は滑稽に見えるようです。

ある日、外国人の友人とテレビを見ているときに、番組内で建築家が仕事を受注する際に施主にへりくだっているシーンを見て、「あの人はプロだろ、なぜクライアントにあそこまでお礼を言わないといけないのか。本当はまだ実績がないアマチュアに違いない」と友人が言っていたことがあります。

私も、**専門家に依頼するときは、依頼主は依頼先への一定のリスペクトがあるべき**だと思っています。弁護士、会計士などの士業の先生方への依頼も同じだと思います。

私自身も仕事を引き受けるときは、顧客からのリスペクトがないといい仕事ができないと考えています。

仕事を依頼する側は、自分にはできないからこそ、相手にプロとしての仕事ぶりを期待し、報酬を支払うことを対価としてお願いしているはずです。お金は共通の価値を持ちますが、技能や能力は個々の会社や個人の数だけの価値があります。

発注者と受注者では、たしかにお金を払うのは発注者ですが、プロとしての技能を提供するのは受注者側です。そこには対等な関係がなければならないはずです。

たしかに、その関係が対等ではない場合もあります。たとえば、サービスがどこでも共通の価値を持ち、競合が多い事業の場合、発注者、利用者はどこを選んでも同じようなサービスのため、お金を払う側が上の立場になります。

ただ、**日本では一般的に、お金を払う側が常に偉いといった感覚がある**ように思えます。

しかし、媚びないと発注してもらえないような業務クオリティであれば、すぐに打ち切られるのではないでしょうか。そのように考えている私には、「お仕事をいただく」という感覚は、自分に逃げる余地を用意して仕事をすることだと思えます。

手土産を持参し、値下げまでして受注した仕事の場合、そこまでしなければ価値を感じてもらえないクオリティの仕事しかできないのだと、自分で認めているようにも見えます。

海外の人材バンクに登録しているような有能な人は、プロとしてのスキルを提供するのだから、自分にはこれだけの報酬が払われるべきだ、と相場よりも高めの金額を提示することがあります。

雇い主としては、それだけの報酬を払ったのだから優れた仕事を望むでしょう。当事者もその価値で受け入れられたことの誇りとプライドがあるため、自身のキャリアとしてその価値に見合う仕事をしようと努力するでしょう。

つまり、**「仕事を下から取りに行かない」ということは、相手に厳しいのではなく、自分に厳しいという姿勢**なのです。

未来につながる仕事だけを選ぶ

中小企業の経営者には、とにかく日々の仕事をなんとか受注してこなしていくことで精一杯だ、という人も少なくないでしょう。中小企業で働くビジネスマンも同様だと思います。

昨今、インターネットの登場による中抜きや海外生産へのシフトなど、従来のビジネスモデルから脱皮できる環境が整ってきました。

それでも脱皮できなかった会社の経営者は、毎月の支払いをしのぐことで汲々《きゅうきゅう》としているはずです。長くデフレから脱却できていない日本の状況を考えれば、そのような経営スタイルもやむを得ないとも思えます。

しかし、そのようなビジネスを続けていても、結局消耗戦から抜け出せず、社員も疲弊し、長期的な戦略も立てられないので将来の展望も見いだせないことは、経営者自身が重々認識しているはずです。それでも手を打てなかった場合は、企業として衰退の憂き目に遭わざるを得ないということになります。

そのような悪循環を避けるためには、ストックビジネスへのシフト、極端に言えば**目先の一時的な10万円の仕事よりも、毎月継続して入る1万円の仕事を積み重ねていかねばなりません。**

ビジネスマンも同じです。大きな仕事でたまに評価されるよりも、自分にしかできない安定した仕事を見つけ、そのポジションで継続的に評価を得られることを優先しなければなりません。

ビジネスのストック化、評価の安定化により、**特定のフィールドでのノウハウの蓄積と将来の見通しの予測が可能となり、無駄な準備時間を省いた基本業務のルーティンワーク化によって精度の高い業務の効率化ができるようになります。**

また、金額がいいからという理由で自分のフィールドではない、または自分が評価されない仕事を受けても、それは未来につながりません。結局その仕事が終われば、また次の仕事を探さなければならないという出口の見えない状態になってしまいます。

このような働き方は、将来の安定のための投資とはならないため、いつまでたっても安心できません。

ある大手の小売会社は、自社サイトの制作や管理業務、カタログの制作業務などで、多数の外注先業者を使い潰していました。小規模な制作会社にとっては上場企業の下請けだから今後も安定した発注があり、さらには実績にもなるだろうと考えますので、この規模の会社からオファーが来たら断る会社は少なかったと考えられます。

ところが実際は、次から次へと発注先を変え、過剰な価格競争をさせ、一つの会社が疲弊したら次に回すということを繰り返していたようです。

その結果、下請けをしていた制作会社では、従業員にしわ寄せがいき、超過勤務が続いて疲弊し、優秀な人材が辞めていきました。

その中には、業務量の多い下請け業務が必然的に中核業務となってしまったことで、これまで安定的に評価を受けていた優良顧客の案件に対応する余力がなくなり、衰退したという会社も多数あったようです。

仕事は発注者と受注者がｗｉｎ－ｗｉｎであることではじめて成功すると言えます。発注者側であったこの大手小売会社も今は衰退しています。買い叩いてコストを削減していたにもかかわらずです。

自分の実績を評価されたわけでもないのに大手から舞い込んできた業務依頼は、ポジティブに考えると受注してしまいがちですが、一度冷静になって、**なぜ自分のところにこの依頼が来たのか、これを受けることでビジネスが会社の未来や自分の未来にどうつながっていくのかをしっかり考える必要があります。**

その「いつか」は永遠に来ない

多忙な人ほど、今この瞬間を追われるようにして生きているので忘れてしまいがちですが、私たちの人生は一度きりです。

若いうちから将来の夢や目標を先送りにしてきた人ほど、この事実を認識できていないものです。30歳を過ぎても40歳を過ぎても、相変わらずいつか時間ができたらこんなことをしよう、将来はこんなビジネスをしようなどと、「いつか」とか、「今やっていることが落ち着いたら」などと悠長なことを考えています。

歳を取るごとに月日の過ぎる速さを感じていると、人生なんて、思っているよりも早く終わってしまいそうです。私の周りで日々多忙にしている経営者たちは、年末が近づくたびに、クリスマスも正月も、ちょっと前にやったばかりじゃないか、と口々に話しています。

同じことを繰り返すだけ、目の前の仕事をこなしているだけでいっぱいいっぱいになり、1年があっという間に終わってしまうのですが、**それらをこなしたことで、あ**

る程度満足感を得てしまいます。

会社員の人で、「定年後の楽しみに取っておこう」とか、経営者の人で、「引退後にやりたい」などと考えていることがあるのであれば、**現役時代の土日からでも始めてみるか、準備だけでも始めてみてはいかがでしょうか。**

「定年退職したら」と思っていた人の多くが、実際に退職したら抜け殻のようになってしまったという話をよく聞きます。経営者にも、経営状態がいいときに思っていた引退後の目標が、実際には理想的な状態で引退できなかったため、そんな余裕はないという人が多くいます。

ある程度安定した収入があり、時間的にも余裕があるときだからこそ、こんなことをやりたい、あんなことをやりたいと考えるものなので、その考えが浮かんでいる今だからこそ少しでも始めておくべきなのです。

「いつかやりたい」という人に言いたいのは、この「いつか」はいつまでも来ないかもしれないということです。

考えてみてください。何かを思い立ったなら、それを実行できる一番若い日は今日なのです。早ければ早いほど、より多く楽しめる時間を獲得することができます。また、そのやりたかったことが次の新しい何かにつながる可能性も高くなるのではないでしょうか。

人生は一度きり、思い立ったときにやらなければ、その「いつか」は永遠に来ない可能性が高いということを、今こそ思い起こしてください。

医者・政治家・社長は上から目線が当たり前

医者、教育者、政治家、士業など、「先生」と呼ばれる人たちには、普段から「上から目線」の人が多くいます。「先生」と呼ばれることで、自分は人よりも上の立場にいないといけないのだ、という感覚を持ってしまっているのかもしれません。

また、「社長」と呼ばれる人たちも上から目線です。中には非常に腰が低い人もいますが、多くの社長たちは上から目線です。これが自分の会社の社内だけならいいのですが（本当は好ましくありませんが）、**お店やレストランなど、会社の外でも上から目線でいることを止められない人が多い**ように思えます。

社長は普段から自分は偉いという自己認識が意識的に刷り込まれているため、ある種の威圧感が自然に形成されています。そのため、彼らに対して営業をかけたり交渉を行ったりする際、どうしても下手に出てしまいがちです。

中には相手を持ち上げて気持ちよくさせることがとても巧みな人がいて、そういう人は、同じように下から営業をかけても、割といい条件でのビジネスを成立させることがあります。しかし一般的には下手に出ると、やはり「お仕事をいただく」というアプローチになってしまいがちです。

そもそもそういった人たちは、普段から持ち上げられることに慣れていますので、**気を使って下手に出ても、軽んじられるだけ**です。

しかし、こういう人たちと対等に接することができるようになればしめたものです。理論上は簡単なことです。肩書や資産ではかなわないような場合でも、**何か一つ、相手からリスペクトを勝ち取る**ことです。それは同時にこれだけの人から評価をいただいているという目安にもなりますので、自己成長を客観的に見るための機会にもなります。

ですから、たとえ相手が権威ある立場の人物だとしても、臆することなく自分はこの道のプロなのだという自負を持ってアプローチすることが、より理想的なビジネス交渉を進める上では大切です。

成功したかったらwin-win

たとえ殿様商売でも、成功できれば、それは本当に求められている需要の大きいビジネスだと言われます。

殿様商売とは、本来その商圏内に競合が不在であることなどを理由に、独占的な地位を利用して客の足下を見て、傲慢な商売をすることを指します。

それは、顧客のメリットを考慮せずに自分のメリットだけを追求した悪質な商売をしているイメージです。世間一般には、上から目線で傲慢な態度で「売ってやってる感」を出しているお店のイメージが強いのではないでしょうか。

しかし**長期的なビジネスにおいては、売る側も買う側もともに得をするwin-winの関係を築くことが必要不可欠**です。

したがって、win-winの関係になるためには、お金を払う側だけが優位に立ち、受注する側が「お仕事をいただく」という姿勢ではいけません。お互いが対等な立場にならなければwin-winの関係にはなれないからです。

「受注側」と「発注側」と考えると対等ではないような印象を与えますが、**「サービス提供者」と「サービス受領者」と考えれば対等に見えてきます。**

「サービス提供者」は相応の対価を支払っていただける相手に対し、相手が価値を認める物や能力、時間を提供します。「サービス受領者」は自分の大切なお金を提供しても見合うと判断できるものを求めます。

ここでお互いが満足できるとその後も関係性が継続します。どちらか一方が不満に思うと、今後の関係は不安定になるか破綻します。

一見、当たり前のことのようですが、実際は両者が完全に満足できるビジネスはそれほど多くはありません。ただ、一つの指針として、自分も満足して相手も満足するビジネスが理想なのだと頭に入れておくことで、安易な値引きには走らず、サービスのクオリティも高く、長期的に安定したビジネスを心がけるようになれると思います。

また、win-winの関係はクライアントとの間だけで考えるものではありません。仕事のパートナー、人生のパートナー、自分が雇用している社員、管理職であれば部下にも当てはまります。自分だけが勝とうとする、あるいはいい思いをしようとすると必ずどこかでつまずいてしまいます。

成功者とともに自分のステージを引き上げる

成功者と言われる人たちと対等な関係を築くためには、相手の方が圧倒的に有利な分野で張り合うことは避けるべきです。成功者と話す機会を得ることもそう簡単なことではないと思いますが、ヘタにビジネスで張り合おうとすると次に会うことは難しいでしょう。

ある分野で成功した人に会うと、その分野についていろいろと教えを請いたくなる気持ちはわかりますが、そのような人たちは、**すでに多くの人たちから同じような質問を受けてきているため、「また同じ質問か」と感じ、テンプレート的な回答となります。**

その結果、相手に自分の存在を印象づけることは難しくなります。会社のこと、経営のこと、資産に関すること、相手の得意分野のことといった、相手が飽きているような質問から会話を始めるのではなく、**むしろ世間話や最近自分が興味を持っていることから入る方が、興味を持たれる可能性が高くなります。**

日頃から幅広い分野の情報を吸収する好奇心を持ち続けている人であれば、雑談をしながらでも相手の好奇心にスイッチが入った瞬間を逃さず捉えることができるようになります。

また、社会的地位が違いすぎる人と対面すると、どうしても下手に出てしまいがちです。その習慣から抜け出すためには、日頃から自分のポジションを意識的に上げていく必要があります。

と言うと誤解されやすいのですが、自分のポジションとは役職や資産規模などのような社会的なステージではなく、メンタル的なステージのことを指します。なぜなら、**すでに社会的な地位が高い人たちにとっては、あなたの役職や資産規模などには興味がない**からです。むしろ、人間性を見抜こうとします。

それではメンタル的なステージアップとは何かと言うと、これは「ポジティブ思考になる」といった単純なことではありません。むしろネガティブに自分を客観視し、自分の弱い部分を発見し、補完することに重点を置くことで、人間性の向上を目指すということです。

こうして社会的に自分よりも上のステージにいる人とできる限り多くの時間を過ごすようになると、いつの間にか自分のステージもアップし、その人と同列になっていたという話はよく聞くことです。

足の速い人とかけっこをすると、自分も速く走れるようになります。勉強ができる人たちのクラスに入ると、いつの間にか自分の成績も上がってきます。

昔よく耳にしたのは、いわゆる鞄持ちでも何でも憧れの成功者について行き、真似をすることが、高額なセミナーなどに時間とお金を投資するよりもずっと成功率の高い投資になるということです。

成功者は、自分が気に入った人を引き上げることが好きです。**引き上げられる存在になるためには、成功者からも一目置かれるような人間性を備えておく必要があるの**です。

第8章

あなた自身が最強の商品だ

セルフブランディングでは〝外〟を意識する

会社員がセルフブランディングを行うときに注意しなければならないのは、**社内で評価されるブランディングを行うか、社外に通用するブランディングを行うか**を決めるということです。

今勤めている会社で出世することだけを目指すのであれば、そのブランディングは主に上司や経営陣に評価されることを目指した、自分自身のポジショニング行為となります。

このとき、外から評価されることと社内の評価が一致する場合もあれば、外からの評価と社内の評価が一致しない場合もあります。

たとえばある営業職の人が、顧客からの評価が高く売上が伸び、さらに取引先の評価も高いために、質のよい商品やサービスを安定して仕入れることができているとします。

このことが社内でも評価されて、どんどん出世していくということであれば、この営業担当者は仕事上の葛藤をそれほど感じることなく、自分のブランド力を高めていくことができます。

ところが外部からの評価が高くても、社内ではその営業スタイルが認められず、意見しても煙たがられ、上司への印象も悪いという場合があります。

このようなことは日本の企業では多いかもしれませんが、企業の長期的な成長という視点から見ると、残念な環境であると言えます。

日本を取り巻く経済環境が著しく変化している中、絶対に潰れないと思われていた有名大企業が倒産したり、外資に買収されたり、あるいは倒産まで行かなくてもかなりの規模で事業部を売却したり閉鎖するといった事態が起きています。

このような時代に、特定の企業内でしか通用しないセルフブランディングに磨きをかけても時間と機会の損失であるということに、どれだけ早く気づけるかで将来が変わります。

本書であなたに目指してほしいのは、自社内だけで通用するセルフブランディングではなく、どこに行っても、また独立起業しても通用するセルフブランディングです。

このように、セルフブランディングを目指した場合に社内での出世や評価と相反してしまうことは往々にしてあります。

そのようなときは、特定の企業内でしか通用しないブランディングを目指して社内の上司や同僚からの評価を求めるのではなく、どこに行っても通用するブランディングを目指すことを優先して、**取引先などの外部からの評価を得ることを重視すべき**です。

流行の職種はセルフブランディングの潜在的リスク

昨今は、子どもの頃からプログラミングを学習することが推奨されています。また、なりたい職業にもプログラマーはわりと上位にランキングしているようです。

一言でプログラマーと言っても多種多様です。流行りのスマートフォンなどのゲームやアプリを開発するプログラマーから、ビジネス向けのシステムを作ったり、製品の組み込みシステムを開発するプログラマーまで幅広くあります。

現在、ＩＴエンジニアは需要が高く、大学でコンピュータ・サイエンスなどを履修した人材へのニーズは今後もさらに高まっていくと思われます。

したがって、このように手に職をつけることで一生が安泰だと思われがちですが、現実を見ると職業プログラマーの多くが、パソコンの前で毎晩遅くまで座りっぱなしの作業、厳しい納期やプログラムエラーへの対応などで、精神的にも追い込まれています。

また、新しいプログラミング言語の誕生やバージョンアップにより、後発組の方が効率よくコーディングができるなどの理由で、現場では若い人が好まれる傾向にあります。

35歳から40歳くらいになるとプログラマーとしての自分のポジションがはっきりとしてくると思いますが、この段階で末端のコーダーであれば先行きは明るくないかもしれません。この年齢を過ぎる頃から、新しい技術にキャッチアップすることが、能力的にも意欲的にも難しくなってくると言われているためです。

その他にもさまざまな職種がありますが、共通して言えることは、**「この分野はニーズが高いから仕事にありつける」という理由だけで職業を選択すると、将来的なリスクにつながる可能性が高い**ということです。

ケースとしては、大学在学中にブームになり始めた業界への就職を目指すために専攻とは関係のない資格などを取得したり、同様の動機で在職中の職種とは関係のない資格を取得し、その道に転職したりして失敗することが多いと言われます。これらの多くは、一時的なブームで職種を選んでしまっていることによるものです。

このようなブームは、ある程度落ち着いて安定してくると、やはり大学などで専攻していた専門家の方が評価され、信頼されるようになってきます。そのため、慌ててブームに便乗してきたような人材は、底が浅いために自分自身のセルフブランディングで失敗してしまうことが多いのです。

したがって、流行に流されず、**自分が最も評価を得られるであろう分野、自分だけのフィールドを創ることができる分野で自分自身の土台を固めていく**ことが、限りある時間の中で中長期的なセルフブランディングを実現するための骨組み作りとなります。

自分のブランディングを意識して働く

いずれは独立する、あるいは起業するという思いを持って会社勤めをしている人は、今勤務している企業の看板がなくても、自分のブランド力で仕事を取れるようになりたいと考えていることでしょう。

いろいろな会社やお店で、お客様を引き連れて独立していった元社員の話を耳にします。

そのように会社員時代のクライアントからの仕事を当て込んで独立していった元社員の人たちは、**今までの評価が自分自身に対するものなのか、それとも社内のチームワーク、または会社のブランド、商品力に対するものであったのかを正しく認識する**必要があります。

この点を勘違いしていると、独立後に顧客を逃してしまい、先行きが危うくなる可能性もあります。

言うまでもなく、好ましい独立とは、在籍していた会社との協力関係を良好に保った上で独立すること、もしくは新たな協力先を見つけた上で独立することです。しかし、一般的な企業の場合は、これがなかなかうまくはいきません。

その点、美容院などでは、スタッフの側も雇用している側も、「いずれは独立して店を構える」ということが前提になっていますので、スタッフは早くからブランディングにいそしみます。

そのため、美容院のスタッフとして働いている彼らの多くは、お客さんにはお店ではなく自分を贔屓《ひいき》にしてもらえるように、個人名を大きく書いた名刺を渡すことが多いのです。

つまり、今働いているお店のブランドではなく、自分の美容師としてのブランドを育てているのです。そのブランディングの効果が出ていれば、いざ独立して自分のお店を構えたときには、**すでにお得意さんをたくさん抱えているという状態からスタートできる**ことになります。

一般的な企業の場合でも、営業職の人や専門職の人が、自分が担当していたクライアントを勧誘して同業種で起業したり転職したりするといったことはあります。

その行為が道義的にいいか悪いかは別として、このような人たちは、最初は会社のブランドについてきたクライアントを自分のブランドに転化させて、「あなたに仕事を依頼している」と言われるような自分のブランディングを育てていたのです。

替えの利く労働力になりやすい日本人

しかし、昨今の日本の社会は、取り替えの利く労働力を求める傾向にあるため、**個人のブランディングを潰そうとする圧力を持っている**ように感じます。

その一つの表れが、派遣社員という存在です。日本の派遣事業は、現代の人身売買、奴隷制度ではないかとさえ言われるような状況にあります。もっとも、日本の派遣業界では、派遣先などの条件については派遣される本人の意志が最優先されているとの意見もありますので、これは大げさな言い方かもしれません。

しかし、日本の派遣業者数は世界でもトップクラスの数になっていることはあまり知られていません。なんとなくアメリカが世界でも突出して派遣業者が多いような印象がありますが、実際には日本の方が上回っている状況です。

一般社団法人日本人材派遣協会が紹介しているWorld Employment Confederation（世界雇用連合）の『エコノミックレポート2015年版』によれば、2013年の人材派遣会社数はインドが約10万社とトップで、2位がブラジルの約3万7000社ですが、日本は3位の約2万社となっており、中国の約1万9900社、アメリカの約1万7000社を抑えています。

ところが事業所数となると、日本は約10万事業所で世界トップとなり、2位アメリカの約3万5000事業所を大きく引き離しています。

しかも日本の人材派遣会社のビジネスモデルは、乱暴に言えば搾取型事業です。

アメリカ人にとっての人材派遣とは、何かの専門能力に突出したプロフェッショナルが、**その知識や経験を最も高く評価してくれる場所を求めて、派遣先企業と直接契約するワークスタイル**を指します。

日本でも人材紹介業などでそのような派遣のあり方は存在しますが、ほとんどの場合は正社員になれなかった人たちが、企業側の景気の緩衝材的な労働者として派遣されているのが実態ではないでしょうか。

このように日本における派遣社員は、アメリカに比べてそのポジションが低く見られることが多いことから、**「私のスキルはもっと高い」「この対価では過小評価だ」などと派遣先企業と交渉する光景はあまり見られません。**と言うか、想像もできません。

したがって、こうした日本での一般的な派遣社員たちは、ただ言われたことを淡々とこなしていればいいので、そこには自分をブランディングするといった発想はありません。せいぜい、派遣先ではなく、派遣元と交渉して時給単価を上げてもらう交渉をする程度でしょう。

それどころか、派遣されている人の中には、景気緩衝材としての流動性が高い労働力として扱われることに甘んじている人たちが多くいるように思えます。

派遣先の会社にとっては切りやすい存在であり、派遣社員自身も社員ではないからとあまり責任感も持たずに済むため、いつでも辞めることができて気楽だ、というように割り切った人たちも多いのが現実です。

しかし、時間が誰にも平等に与えられているということを考えれば、**派遣社員でいることは将来のストックにならない生き方のように思えます。**契約期間の単位でその場しのぎ的に暮らすために、大切な時間を切り売りしてしまっているように感じるのです。

「自分はさまざまな現場を渡り歩くことで、この分野でのスキルアップをするのだ」というような、より能動的な戦略を持っている人でない限りは、派遣社員をいつまでも続けることはお勧めしません。

品物、サービス、ノウハウではない「第4の商品」

近年、あらゆる商品やサービスが、市場では飽和状態にあると言われています。このような状況では、商品やサービス自体の差別化で売上を伸ばすことが難しくなってきています。

また、広告もあらゆるメディアにあふれているため、広告慣れした消費者は広告に注意を向けないか、見ても無視する傾向にあります。

しかも広告は、言わば企業が自画自賛している情報を突きつけてくるといった印象が持たれているため、すでに消費者の共感を得ることが難しくなってきています。

このような状況で注目されたのが、インフルエンサーの存在です。

インフルエンサーとは、SNSなどで膨大な数のフォロワーを持ち、その発言や行動が多くの人に影響を与える人を指します。

たとえばカリスマ主婦、カリスマOL、芸能人、スポーツ選手、評論家、YouTuberなどです。

彼らは特定の企業とは利害関係がない（ことに表向きはなっている）存在ですので、彼らが中立的な立場の消費者の代表としてある商品やサービスを体験して評価すると、またたく間に多くのフォロワーから共感され、その商品が売れるという現象が生じます。

これは、「この人がいいと言うのなら、本当にいいに違いない」という信頼関係が、インフルエンサーとフォロワーの間に構築されているためです。

つまり、インフルエンサーと呼ばれる人たちは、**特定の商品ではなく、自分の信頼を売っている**のです。

似たような現象は昔からあります。それは「優秀な営業マンは何を売っても売れる」と言われてきたことです。優秀な営業マンほど自分自身の商品価値を高めているので、お客さんに、「あなたが勧めるのなら買ってみよう」、あるいは「同じ買うなら君から買うよ」と思わせることができるのです。

このように、市場が飽和状態にあり、商品やサービスの差別化が難しい時代には、ビジネスをしている自分自身に商品価値をつけなければなりません。

それが、セルフブランディングです。

自分の棚卸から始めよう

自分自身をブランディングするためには、何から始めればいいのでしょうか。

まずはよく言われることですが、自分の棚卸です。

セルフブランディングの結果として手に入れるべき成果は、「そのことならあの人に頼もう」「それに詳しいあの人が言うなら確かだろう」といった信頼を得ることです。したがって、まずは自分がこれから極めていきたいことは何か、確認しておきましょう。

また、**その分野に精通した人たちの中から、あなたを選ぶことで相手が得られるメ**

リットを事前に作り上げておくことが重要です。

そして最も難しく、必要なことは、人としての魅力です。

これは必ずしもいい人になるということではありません。たとえば多少無愛想でも口が堅くて信用できる人であるとか、些細なことでも喜んで相談に乗ってくれそうな愛嬌があるとか、深刻な話をしても動じない冷静な人であるなど、一緒に時間を共有する上で心地よい人のことを指します。

そこで、世の中に対する自分の立ち位置を決めるために、**いつでも自分の価値を説明できるようにストーリーを用意しておく**ことが有効です。

自分自身のストーリーを作り上げるには、自分の立ち位置を決めた上で、その立ち位置で自分が最も優位になる情報をすべてマインドマップ的につなぎ合わせてまとめておきます。

これを一つでも作っておくと、会話のたびに自分の価値をよどみなく説明することに役立ちます。

とはいえ、これをかっちりとした文章にしてしまうと、何度も同席する人には毎回同じ自慢話をする人だと思われてしまいますので、有用な情報と特徴などのキーワードやキーフレーズをつないでおくに留めれば、その場の雰囲気や会話の流れ、相手の興味に合わせて臨機応変にアレンジできます。

あらゆるビジネスが実はファン作りだった

時間をかけて潜在顧客（リード）の購買意欲を高めていく「リードナーチャリング」のプロセスを循環させることで、ビジネスの土台を支えてくれるファンが育っていきます。**リードナーチャリングとは、見込み客に対して段階的なアプローチを行って購買意欲を育てていくこと**です。

たとえば展示会やwebサイトでの問い合わせなどで集めたリードに対し、メールマガジンやセミナー、イベントなどによって顧客に有益な情報を提供し続けることで、信頼関係を醸成し、自社商品やサービスの購買意欲を高めていきます。

スーパーに行くと、豆腐にしても牛乳にしても同じ種類の商品にいくつものブランドがあります。世の中の一握りの企業以外はほぼ同じクオリティの同種競合商品を販売している中で、自社の商品をリードナーチャリングやテレビCMなどのさまざまなマーケティング手法により優位に立たせようと努力しています。

その根幹に存在するのが、商品及び自社ブランドのファン化対策です。

たとえばApple、ザ・リッツ・カールトン、スターバックスなど、根強いファンに支えられている企業は、類似商品やサービスより価格が高くてもファンに選ばれるという強みがあります。

そのため、これらの企業は、常にファン作りやファンの維持に多くの経営資源を投入しています。

ファン作りに必要な要素は次の通りです。

- **共感される理念やコンセプトを持っていること**
- **品質でファンの期待を裏切らない努力を継続していること**
- **驚きや発見を提供できるイノベーションを絶やさないこと**
- **商品やサービスに物語があること**

とくにAppleは、熱烈なファン作りに成功している企業として有名です。ファンを魅了している最大の理由は、ファンのみならず、世界中の人々の期待を裏切らない革新的な製品を生み出し続けていることです。

まだコンピュータが会社に1台あるかないかといった時代に、創業者のスティーヴ・ジョブズは「必ずオフィスに1人1台のコンピュータが置かれる時代がくる」と予見しました。

テキストベースのコマンドを入力するCUIがコンピュータの操作方法だった当時、マウスでアイコンやメニューをクリックしたりドラッグしたりして視覚的に操作できるGUIを採用したパーソナルコンピュータを登場させました。

その後もiMac、iPod、iPhone、iPadなど、世界中の人々の生活様式を変えてしまうほどのインパクトを持った製品を開発・発売し続けています。しかも機能だけでなく、革新的で美しいプロダクト・デザインにも強いこだわりを見せています。

また、洗練された販売店、そして生活に新しさをもたらすことを約束する広告戦略は、**Apple製品を好きなことや持っていること、そして使っていることが誇らしいという気持ちをユーザーに持たせる**ことに成功しています。

同社には、企業としてwebサイトに掲げているような理念はありませんが、ジョブズの有名な言葉が、その理念を表しています。

improve the lives of millions of people through technology

(テクノロジーを介して何百万人もの生活を変える)

このようなファン作りの手法は、規模こそ異なりますが、企業や個人のブランディングに、多くのヒントを与えてくれます。

セルフブランディングが商品価値を高める

営業マンを比較してみると、同じ商品やサービスでも、売れる人と売れない人がいます。それはセールストークの巧みさやプレゼンスキルの高さによる場合もありますが、もう一つ重要な要素として、その人のセルフブランディングの完成度があります。

これは、その商品やその商品分野などに対してセルフブランディングが構築された人が紹介すると、その人の信頼力が商品の信頼度に付加されるためです。

信頼力が付加されるということは、**その人の持つブランド価値が商品にも付加される**とも言い換えることができます。

たとえば、あるタレントがテレビで何かを食べるシーンが放送されたとき、そのタレント自身が美食家として名が通っている場合、そのタレントのコメント次第で、翌日のその商品の売上は驚くべき変化を見せるのです。

これは、そのタレントが「食べ物の味を評価する能力」に対する強力なセルフブランディングに成功しているために起こる現象です。

有名人だからできるのでは、と思われたかもしれません。しかし、セルフブランディングは規模の大小を問わなければ、すべての人がよりよい人間関係の構築に利用できるものです。

個人であれば、あなた自身というブランドに信頼を与える方法もあります。

たとえばあなたが営業職であれば、日頃はとくに具体的な商品に言及せずとも、定期的にお客様にコンタクトを取り、有益な情報を提供したり、ちょっとした悩みごとや課題について無償で相談に乗るなどのコミュニケーションを継続していれば、そのお客様に対してのセルフブランディングを行っていると考えられます。

これには、**ザイオンス効果（熟知性の法則）**の要素も大きく関わってきます。テレビなどで見る有名人に対するのと同じく、**人はよく見る顔の人により好意を持つ、接触頻度が高い人ほど信頼する傾向にある**というものです。

他の人も売っている商品やサービスでも、どうせ買うならあなたから買った方が安心できる、いつも有益な情報を提供してくれるあなたの売上に貢献したいなど、たとえ有名人ではなかったとしても、日々の小さなセルフブランディングの積み重ねで、このような心理効果を得ることができます。

相見積もりをさせない

特定の分野において、顧客に対してセルフブランディングの構築に成功しているということは、その顧客の中ではある分野の商品に関してはまず一番にあなたに相談するという思考回路が構築されているということです。

そして、あなたがもしその商品の提供ができない場合や、やむを得ずお断りするような場合でも、顧客はあなたのアドバイスを聞いた上で他社に相談してみるという思考を持つようになります。

つまり、セルフブランディングが成功していると、そのクライアントのあなたに対するロイヤルティは非常に高くなり、**あなたは一定の商品カテゴリで優先権を持っている**ことになるのです。

このことは、分野を絞った強みをブランディングに変えていく活動が日々不可欠であり、**さまざまなビジネス活動の基本はブランディングの構築に端を発する**ということを示しています。

「安くて易し」ではなく「高くて難し」を売る

どの商品を選んでも似たような満足度を得られる場合は、メーカーや販売会社は価格競争に突入することを余儀なくされ、同等のブランドレベルであれば消費者はより安いものを手に入れようとします。

また、どこでも簡単に手に入る商品は、それだけ多くの販売店が価格競争を行っているわけですから、やはり安い値段がつけられる傾向にあります。

形のないサービスも同様です。

たとえば、駅の中の格安散髪屋や、クリーニング店、靴磨き屋、クイックマッサージ店など、付加価値を持つことができなければ、その商品背景にあるべきストーリー、具体的には明確な利便性の示唆、提供しているサービスに付随するメーカーの信頼度などの要素を持たないため、単純に価格の差別化で競争するしかありません。

しかし、似たようなサービスの中でもしっかりとしたストーリーが背景にあり、一定のブランディングが構築されていたとすれば、**他社価格より高かったとしても自社サービスブランドの優位性が生まれてきます。**

安請け合いしない、安売りしない営業スタイルが成り立つためには、すでに商品やサービスで十分な差別化ができていることが前提です。

このような営業スタイルを示すことは、値段だけで他と比較するようなお客様には選んでいただかなくても構いません、価値をわかってもらえる人にだけサービスを提供したい、と言っていることになります。

つまり、売る側がお客を選んでいるという立場を明確にしているのです。

このように、**購入し「易い」は値段が「安く」なりがちで、購入し「難い」は値段が「高く」なる傾向がある**ということです。

第9章

仕事は半分断る、
義理飲みは全部断る

断ることであなたの価値が高まる

一般的に、日本人は断ることが苦手と言われています。

社内でも上司や先輩、場合によっては同僚から、自分が本来するべきではない簡単な仕事を頼まれたときでも、今忙しいから、あるいはそれはあなたの仕事だから、などとビジネスライクに断れる人は少ないと思います。

このような場合は、恩を売っておこうという打算もあると思いますが、相手からの逆恨みを恐れ、そのような懸念材料を抱えるストレスよりも、面倒だけど引き受けてしまった方が気が楽だろうという判断をしています。

このようなことは個人だけでなく、企業でも起こり得ます。

結局、企業同士の受発注とはいっても、そこには担当者同士の人間的な駆け引きがあるわけです。その仕事だけでは赤字になってしまうようなときでも、日頃の付き合いで作り上げた関係にマイナスにならないようにとの配慮から引き受けているケースもあるでしょう。

また、業務時間外、仕事の場以外でも上司や同僚、取引先などから酒席に誘われたりした場合は、多くの人が面倒だと思いながらも、お付き合いしているというのが実情でしょう。

接待大好き、他人や会社のお金でお酒が飲めることが大好き、どんちゃん騒ぎ大好きという人もいますが、多くの人はなんとなく、「断ると印象悪そうだし」「後々の人間関係に影響ありそうだし」といった理由で仕方なく付き合っているのではないでしょうか。

中には、参加することで明らかに有力な人脈や情報を得られたりすると期待できる酒席やパーティーなどもあります。そのような場であれば、新たなビジネスチャンスがあるかもしれませんから、多少の無理をしてでも参加することに意義はあります。

しかし、**お付き合いで仕方なく、という誘いであれば、思い切ってすべて断った方が幸せになれます**。

実際、私はよほどのことがない限り、この手のお付き合いはほとんど断っています。

そもそも、お酒に付き合わなければ取引ができないようなビジネス関係であれば、ほとんどの場合、今後長期的なｗｉｎ－ｗｉｎの関係になることは考えにくいので、無理に付き合わなくてもいいと考えます。

そのような取引先と取引を続けても、馴れ合いで値引き交渉が慣例化したり、たいして利益にならない仕事であるにもかかわらず、ズルズルと追加要求だけは続くことになる可能性が高いですから、私ならむしろ避けます。

結局、長い目で見れば、**馴れ合いの関係にならなければ取引ができないようなビジネス関係は淘汰されていき、本当にお互いに必要としている質のよいビジネスのみが残っていきます。**

その結果、無駄な時間や気を使う付き合いが減ることにより、より重要度の高いビジネスに注力できるのです。

日本人は断るのが世界一ヘタ

明確な調査データがあるわけではないのですが、感覚値として、きっぱりと断ることが世界一ヘタなのは日本人だ、と言われてもおおよそ納得がいく人が多いのではないでしょうか。とくに、海外で生活したことがある人であれば、たしかに日本人はとくに欧米人に比べて断ることがヘタだな、と実感されているでしょう。

たとえば、日本人は一緒に出かけたり食事をしたりする約束を事前にしていた場合、よほどのことがない限り無理をしてでも予定通り約束を果たそうとする人が多いと思います。むしろ、それが当たり前ですので、そうしない人は不義理であると失望されます。

しかし、**欧米人の場合、約束を平然とドタキャンする人が多い**と感じます。しかもまったく悪びれた様子もなく、身勝手にも思える理由をはっきりと主張するのです。

これは文化の違いですから、単純に悪い行いだと主張するつもりはありません。「ちゃんとした理由があったのだから、直前のキャンセルでもちゃんと連絡しましたよ」という彼らの正当性がそこには存在します。

このような姿勢を続けていると、日本人であれば信頼をなくしてしまうのではないかとか、嫌なやつだと思われてしまうのではないかなどと不安になってしまうのですが、欧米人の彼らには、そのような不安はないようです。

「状況が変わったのだから仕方がないだろう」という考え方ですから、逆に自分がドタキャンされても日本人のように陰口を叩いたり、マイナスイメージを持ちません。

私も海外の人との交友関係の中で「断る力」をかなり鍛えられてきましたが、私生活では、まだまだきっぱりと断ることは苦手です。

しかし、これがビジネス上のお付き合いとなると、気が乗らないものはきっぱりと断っています。それは、お付き合いで作られた関係によってもたらされるビジネスは、中長期的にはメリットが少ないことが経験からわかっているためです。

しかも、お付き合いを断ることでチャンスがなくなることはなく、むしろ本質的なビジネスの関係が構築できるということに気づきました。

お付き合いで仕事は取らない。**これによりさまざまなストレスから解放され、高度なワーク・ライフ・バランスを実現することができます。**

露出を増やして「大家《たいか》」になるか、レア度を上げて「カリスマ」になるか

セルフブランディングのために紹介されている手法の多くが、さまざまなメディアに自分を露出させることを推奨していると思います。

ネット上であればFacebookやTwitter、Instagram、YouTube、その他テレビやラジオ、新聞、雑誌など、できるだけ多くのメディアに自分を露出させることで、その道の権威としての印象を強めていこうと考えます。

これは、非常にわかりやすく有効で、かつ即効性も高い方法として否定はできません。

しかし、これとは真逆の手法もあります。

すなわち、**露出を極力減らすことで、カリスマ性を帯びるという戦略**です。

たとえば一昔前までは、一部のミュージシャンはテレビの歌番組などには一切出演しないことで神秘性を纏い、アーティストとしてのカリスマ性を高めていました。

また、中小企業の社長の中には、飲み会や会合に現れず、アポイントも取れない、ブログもSNSもやっていないという行動を意図して実践している人もいます。このように露出を減らすことで、自分のレア度(稀少性)を上げて、出現のインパクトを高めるというものです。

たとえば、普段顔を見せない社長が交渉の場に登場すれば、取引先は契約内容に慎重になりますし、ビジネス上の交友関係や、社員にもある種の畏怖の念を抱かれるようになります。

このように、セルフブランディングには、自分の適性と目指している方向性、業界、専門性などにより、一見本来の筋道とは真逆の手法も有効な手段になる場合があります。

経営者は仕事3割、息抜き7割

私はよく経営者、または今後独立・起業などでいずれ経営する側になることを目指している人に「経営者は仕事が3割、息抜きが7割」というお話をします。

これは、昔から語られていることではありますが、**経営者はあまり前線で働くことに時間を割いてはいけません**、ということです。実際には中小企業では難しいかもしれません。決して前線に出るな、ということではありません。ほどほどに距離を置かなければならないということです。

ここで言う3割や7割というのは、厳密なものではありません。経営者が1年なりの期間を通して費やす時間やエネルギーの感覚的な配分を示しています。

中小企業の経営者になると、会社の運営状況や市場の状況といったものを俯瞰して、会社の舵を取ることが必要です。ところが、自分が前線を走ることに全力を尽くしてしまうと、目の前の業務をこなすことでいっぱいいっぱいになり、俯瞰することを忘れてしまいます。その結果、視野狭窄《きょうさく》に陥ってしまうのです。

自ら前線で働いていれば、日々の充実感はありますが、**会社の経営状況や市場の状況を俯瞰することができなくなります**。その結果、夢中になって働いているうちに、会社が市場の変化に適応できずに衰退に向かっていた、ということになりかねません。

とくに小さな会社の場合、社長の立ち位置としては、最も有能な営業マンであり、最も専門性に長けた人物であることがほとんどです。

小さな会社に創業社長よりも有能な人が多数存在しているケースは稀だと思います。そのため、社長が前線で戦っているとそれが会社の最も重要な戦力になってしまうため、会社を伸ばしていくには社長の分身を増やしていくしかないことになります。それは多くの場合、従業員への過度な期待により破綻してしまいます。

経営者というのは週末やGW、盆休みなどの休日にどれほど休んでいても、あるいは遊んでいても、頭の隅では常に会社のことを考えてしまうものです。

したがって、**自ら意識して、自分の会社と自分自身とのちょうどよい距離感を持たないと、見えるものも見えてきません。**

一定の距離を意識的に保つことで、従業員の失敗などに対しても一定のゆとりを持ってあたることができる心の余裕が生まれ、また、不意に市場に変化が生じても、会社がどのように対応できるのか、ということも見えてきます。

また、社長が心に余裕を持っていないと、社長自身が従業員の一人であるかのような振る舞いをしてしまうため、社長と従業員との間で明確な分業が行われず、お互いに補完し合うというｗｉｎ－ｗｉｎの関係を築きにくくなってしまいます。

自分のため、家庭のため。仕事はその次

昨今、働き方改革が叫ばれていますが、日本人はまだまだ、「生きるために仕事をしているのか、仕事のために生きているのか」と問われると、後者かもしれないという人が多いのではないでしょうか。

私が敬愛する経営者から教わったことがあります。それは、経営者も従業員も働く人のすべてが、大切にすべき優先順位を、**「自分が1番、家庭は2番、会社は3番」**と考えることができるようになれば、家庭も仕事もより充実するのではないか、ということです。

経営者としては、「正社員たるもの、常に会社を一番に考えてほしい」と思う人が多いかもしれませんが、それは経営者のエゴですし、結果的には会社にとってもマイナスとなる考え方だと思っています。

自分が主人公である自分の人生において、自分自身を最も優先するのは当たり前のことですよね。また、その自分とともに生きていく家族は次に大切です。そして、自分や家族が豊かな生活をするための原資を得る場として、あるいは自分の自己実現の場として、3番目に優先すべきはその支えとなる会社や仕事となります。

ですから、年老いてから過去のことを語るときに、すでに引退しているはずの仕事のことしか話せなかったとしたら、ずいぶんと寂しい人生だと思います。私にはそれは貧しさしか連想させません。もちろん、金銭的な貧しさではなく、生き方の貧しさです。

ですから、現役の頃から無理をせず、自分の好きなこと、心身ともに健康であり充実した日々を送れることを最優先に考え、その結果生まれてくる時間や心のゆとり、行動力といったものを、家族と楽しく過ごすことや、自分の充実した時間の過ごし方に注ぐことをもっと真剣に考えた方がいいでしょう。

その方が、結果的に仕事の質を高めることにもつながると思います。

私が危険だなと感じる人は、「あなたの趣味は何ですか？　今、何を一番頑張っていますか？」と問いかけたときに、「やりたいことはいろいろありますが、今は将来のために仕事のことだけを考えています」などと答える人です。

本当にやりたいことを封印し、ひたすら辛抱して働いている人は、どこかで破綻してしまう危険があります。

私などは、一つのことに集中しすぎたり、そのことで心に余裕を持てない状態が続くと、何もやる気が湧いてきません。

しかし一般的な日本人は、「仕事もろくにできていないし、これといっためざましい成果もあげられていない。経営も綱渡りだ」などという理由を持ち出して、息抜きや気分転換のために自分の本当にやりたかったことに情熱を注ぐことに罪悪感を抱いてしまう傾向にあります。

経営者も会社の役員も、正社員の立場の人も、**働いている人は皆さん、今一度ご自身のワーク・ライフ・バランスについて見直してみてください。**繰り返しますが、人生は一度きりです。

楽な人生も苦しい人生も、自分が選ぶ

「若い頃の苦労は買ってでもせよ」とは言い古された言葉ですし、まだ若輩者の私が口にするのはおこがましいかもしれません。

しかし、自分が潰れてしまうほどの度を超えた苦労でなければ、心身ともに活力に満ちて柔軟な若い頃に、苦労を経験することにはたしかに意味があると思います。

今この文章を読んでいる人は、会社での出世や、独立・起業を目指し、よりやり甲斐のある仕事をして、より高い収入を得ることを目指している人がほとんどだと思います。もっと大きな野心を持ち、世の中を変えるくらいの意気込みを持った人もいるかもしれません。

一方、誰かに言われたことだけをして日々を過ごす人生を選ぶことも自由ですが、そのように自分で考えたり選択したり、決断したりすることのない安易な人生を送る人には、成功者と言われる人たちの体験談や考え方から学べることは少ないでしょう。

成功を目指し始めたタイミングが早い人ほど成功する可能性を持っているのは、気力も体力も充実し、自由度も高い10代から20代のうちならば、あえて苦労するかもしれない状況に自分を追い込んでも耐えられるし、たとえ失敗してもやり直せる時間があるからです。**若いときの経験は、必ず将来役に立ちます**。

とは言うものの、それでは中高年にはもはや可能性はないのか、というと、そう決めつけることはできません。

私の友人の経営者に、50代間近にして単身アメリカに渡り、高校生や留学生たちに混じって数週間ホームステイした後、さらに数か月間アメリカでバックパッカーをした人がいます。

この人は半年足らずでこれまで体験したことのない、思い切らなければ今後もすることはなかったであろう多くの体験をすることで、帰国後、これまでの仕事中心の人生から一変し、人を育てる経営を重視、自身は自分のやりたいことをできるだけやる、家族とより充実した時間を過ごす、という方針になりました。

現在は幹部への指示を中心とした密度の濃い業務を月に数日間行うに留めているようですが、会社の業績は右肩上がりに伸びています。

中高年になると、どうしても会社や家族などのさまざまなしがらみが増えて、自分自身の冒険ができなくなってきます。思い立った日が今後の人生で一番若い日であり、一番チャレンジできる日だということです。何かを始めるのに遅すぎることはないと言われますが、**その後の人生を左右する行動は早く始める方がいい**のです。

ところで、日本の若者の多くは大学時代に就職活動をし、企業に入社して毎月の安定した給料をもらって暮らしていくことに疑問を抱きにくいかもしれません。そして実際に就職して会社員生活が始まると、よりいっそう自分で考えることを放棄して、言われたことをやって安定した給料を受け取る生活に慣れてしまいます。

人というのは、ちょっとでも油断すると、あっさりと楽な方に流されてしまうのです。

そのため、普通に順風満帆な人生を歩もうとすると、大学を出て、就職活動に成功して晴れて正社員にという流れを踏襲します。これは傍から見ても、恵まれた状況のように見えます。

そして、社会人になると会社という共同体の中で同じ価値観を共有し、集団行動をとることが要求されます。そうして先輩や上司の命じることをこなしていくことが、当たり前の日常になっていきます。

しかも、このような自分の変化に疑問を感じ、自分を見つめ直す機会は激減していきます。 本や講演会などを積極的に活用して、自分が尊敬できるメンターに出会うことでもない限り、日々流されるように暮らすことになります。

私自身は就職経験がなく、大学を出るとすぐに自分のビジネスをスタートさせましたが、就職活動もしました。

その結果、内定をいくつかいただきましたが、もしかすると、そのまま入社していれば、やはり流されるような日々を過ごして、自分のビジネスを興すなどという考えを持てなかったかもしれません。そして今頃、上司の言うことを鵜呑みにし、何の疑問も持たずに日々の仕事を淡々とこなしていたかもしれません。

しかし、まったく社会経験がない状態で起業して自分の事業をやっていくことも決して楽しいだけではありません。そこには想像以上の苦労がありましたし、さまざまな障害を乗り越えるためには必死で考えて行動しました。

そのようにして蓄積された経験値は、会社や上司のためではなく、すべて自分のために活かされたので、大きな達成感と見返りを十分に手にすることができています。

ビジネスの中でオン／オフを切り替える方法

私は、オフの場では毎回と言っていいほど、「何か不幸なことがあったのですか？」と言われるほど暗い印象を与えていますが、決して四六時中暗い雰囲気でいるわけではありません（笑）。場によってはちゃんと印象を切り替えることができるのです。

たとえばクライアントに事業プランを説明するときや交渉の場では、声を張って明瞭な語り口で自信を持って話すこともできます。

私の場合は、「オフは蓄積、オンは発散」と明確に切り替えているので、オフでは張り切るようなことはありません。

ハイテンションな状態で商談を終えて帰社した営業マンが、そのまま同僚たちと飲みに行って相変わらずハイテンションで終電間際まで騒ぎ、帰宅して倒れるように寝てしまう。そして仮眠程度のわずかな睡眠時間をとっただけで再び出社してハイテンションで仕事を始めている、というマンガに出てきそうな元気で典型的な日本の会社員に出会うことがあります。

このような生活を続けていれば、いずれは破綻してしまうでしょう。体調を崩したり、もしかしたら鬱になってしまったりするかもしれません。

単純な摂理ですが、人も動物も、ずっと同じテンションで活動を続けることはできません。動き続けるためには、オンとオフを適度に切り替えて、メリハリをつけることが必要です。ポジティブな人はつい、常に元気でいようとしますが、必ずどこかで無理が生じてしまいます。

一方、**ネガティブな人は、自分の心身が頑強ではないことを前提に行動します。**そのため、動き続けるためには休もうとします。あるいは気分転換のために違うことをしようとします。

そう考えると、**人間の本質はネガティブな方が健全**なのではないかと思えます。

考え方を変えれば、今の環境が刷新される

経営者の人が、自分や自分の会社の置かれている環境を俯瞰する心の余裕を持つことの大切さはすでに述べました。

自分の置かれた状況を俯瞰する機会を持つことは、経営者に限らずどんな人にも大切だと言えます。

毎日同じ学校に通い、学校に決められているからと興味のない授業も受け続ける学生、毎日同じ会社に通い、誰かに与えられたからと自分にとって無価値な仕事に忙殺される会社員など、同じことを繰り返す毎日を送っていると、いつの間にか現在の自分を取り巻いている環境が世界のすべてだと思うようになっていきます。

頭の中では世間は広い、世界は多様だなどと理解していても、実感としては狭いのです。

もし、自分の状況を俯瞰する時間を持つことができれば、その狭い世界の中だけで物事を考えてしまっている自分に気づくことができます。

自分が毎日通っている学校の中だけが自分の所属するコミュニティのすべてではない。自分が働いている会社は社会的にどのような位置づけにあるのか。今持っている人脈やスキル、資産にはどれほどの優位性や市場価値があるのか。

そのように、自分と自分を取り巻く環境を俯瞰する機会は、意識して作らなければなりません。人は日常に流されやすい生き物ですから、どこかで意識的にいつもと違う過ごし方をしたり、学業や仕事には必要のない知識に意識的に触れる必要があります。

また、日常に流されて俯瞰することを忘れてしまうと、固定観念にとらわれてしまい、視野狭窄になります。

これは実はかなり深刻なことであるにもかかわらず、多くの人が気に留めていません。

仮に何ごとかに追い詰められて命を絶ちたいという衝動にかられたときでさえも、自分や自分を取り巻く環境を俯瞰する習慣を持っていれば、打開策を見つけることができるかもしれないのです。

私たちは、流されがちな日常から距離を置く時間を作る必要があります。それは**現実逃避ではなく、現実をより精度の高い現実にするために必要な時間**なのです。

おわりに

人を見かけと年齢で区別する社会で、自分のポジションをどう作るか

グローバル化への声が高まっているとはいえ、日本にはまだまだ根強い村社会的な人物評価が残っています。

その人物の本質を見ることよりも、年齢や性別、容姿、学歴、勤務先といった周辺情報によって評価しようとします。

たしかに、その人物の本質を見抜くためには、評価する側にも相当な眼力が備わっていなければなりませんから、凡人としてはそれらの周辺情報で人物を評価せざるを得ないということもあります。

年齢や性別、容姿、学歴、勤務先は変えることができません。

しかしセルフブランディングにより、これからでも自分の立ち位置を作り上げることはできます。

すなわち、その業界や社会において、自分が優位になれるようにポジションを再構築することができるのです。

本書では、そのために何をするべきかを述べてきました。

ネガティブを武器にする

セルフブランディングを行って上を目指す生き方というのは、よほどポジティブな人でなければ難しいというのが世間一般の考え方です。

しかしそれは、単なる思い込みに過ぎません。そのような考え方は、高度成長期の熱狂の中で活躍した人たちの残照ではないでしょうか。

本書を読まれた方は、すでにそのような思い込みから自由になれたはずです。

市場が飽和状態にあり、グローバル化により差別化が難しい低成長時代には、むしろ冷静沈着に戦略を練ることができるネガティブな考え方や性格が強みになるのではないかと考えています。

本書を手に取られた方は、ポジティブでないことに引け目を感じながらも、安楽な日常に流されたくはないという思いを持っているに違いありません。

そのような方々の飛躍に、ささやかでも本書が役立てば、私が若い頃に体験した苦労が人の役にも立てたのだという、望外の喜びを得られたと言えます。

最後に、編集において多大なご協力を賜りました天才工場・吉田浩様、地蔵重樹様、株式会社ナイスクの皆様に、この場を借りて御礼申し上げます。

影浦誠士

〈著者プロフィール〉
影浦誠士（かげうら・せいじ）
株式会社インフォクレスト代表取締役。愛媛県出身。小学校時代を香川県、中学・高校時代をオーストラリアで過ごし、京都の大学に進学。在学中からインターネットビジネスを始め、卒業後にハワイにてweb制作の現地法人を設立。国内で500を超える経営者にwebマーケティングを軸にしたコンサルティングを行う。2005年9月、株式会社インフォクレストを設立。独自の強力なweb集客理論を多くの企業のweb戦略に取り入れ、クライアントを成功に導いている。

人付き合いが苦手な人のためのリーダー力

2018年12月5日　第1刷発行

著　者　影浦誠士
発行者　見城 徹

GENTOSHA

発行所　株式会社 幻冬舎
〒151-0051　東京都渋谷区千駄ヶ谷4-9-7
電話　03(5411)6211(編集)
03(5411)6222(営業)
振替　00120-8-767643
印刷・製本所　近代美術株式会社

検印廃止

ISBN978-4-344-03395-5　C0095
幻冬舎ホームページアドレス　http://www.gentosha.co.jp/

この本に関するご意見・ご感想をメールでお寄せいただく場合は、
comment@gentosha.co.jpまで。